MAN'S SEARCH FOR MEANING

向生命說 Yes！

弗蘭克從集中營歷劫到意義治療的誕生

VIKTOR E. FRANKL

維克多・弗蘭克——著

譯——李雪媛、呂以榮、柯乃瑜

多・弗蘭克（1905-1997），奧地利心理學家暨醫生；創立意義治療學派。此張照片攝於1975年。
opyright: IMAGNO/ Viktor Frankl Institut）

〈推薦序〉從地獄也可長出小花　南方朔　004
〈推薦序〉每個人必須達成的使命　陳木金　008
〈推薦序〉觀其文，知其人
——弗蘭克醫師的生命意義　張利中　011
〈英文版序〉人生最大的目標是追求意義　哈洛德・庫希納　015
〈德文版序〉支持維克多・弗蘭克　漢斯・維格爾　019
〈新版後記〉即使受苦也能找到意義　威廉・溫斯雷德　027
〈導　讀〉生命意義的追求　賴賢宗　037
〈作者序〉盡己所能把事做好　045
第一部　一位心理醫師在集中營的歷劫記　049
第二部　概論意義治療法　155
第三部　樺樹林同步劇　189
〈附錄一〉談悲劇樂觀主義　249
〈附錄二〉弗蘭克著作表　265

〈推薦序〉

從地獄也可長出小花

南方朔

二次世界大戰的納粹暴行是罪惡，所以必須追究，它也是文明走到了瘋狂的叉路，因而必須警惕和反省，而同時，它也是人性缺陷所造成的煉獄，讓人受苦與死亡，因此人類必須更加努力來促成人性的復歸。

而做為納粹集中營浩劫餘生的維克多．弗蘭克（Viktor E. Frankl, 1905~1997），他的這部經典著作——《向生命說Yes！》，以及他所開創的「意義治療法」，所致力的就是最重要的人性復歸這個面向。他在本書第三部「樺樹林同步劇」裡說到：「生命不能僅如糞土，我想讓它開花結果。」他想讓地獄裡也開出小花的宏願，本書就是最好的見證。在二十世紀的思想人物裡，弗蘭克為世所重，即在於他那獨特的開闊胸襟以及極為正面的思考方式。

而要介紹這本著作，最有提綱挈領效果的即是第三部「樺樹林同步劇」。這個劇本是在說史賓諾莎、蘇格拉底，以及康德這三位古代哲學家，從天上下凡到樺樹林的集中營。

他們的用意是要以他們的思想來拯救人類的苦難。但是三大哲學家糾纏於種種概念裡，對人間的受苦完全無能為力，因此蘇格拉底遂說：「我們必須退場」，最好解救受苦的責任由劇中主角佛朗茲說出；「在每個當下，都必須重新下決定。」；「雖然也許是我想像出來的任務，但究竟是不是想像，這個問題只能在行動中，透過我們的行為來決定。」在劇本中，佛朗茲其實就是弗蘭克自己！

「樺樹林同步劇」，乃是頗有存在主義風格的劇本。眾所週知，在第二次世界大戰前即萌芽的存在主義，經過納粹暴行的洗禮後，已走到強調神聖個人面對人類存在情境惡劣化時，如何抵抗及再起這個方向，從人性論的角度而言，個人已等於退到了最後的防線。它也是人的責任這個核心價值的新起點，就整個時代意義而言，納粹暴行這種極端存在情境的出現，它等於已使得一切抽象可愛的古典哲學全都被打進了垃圾筒，人必須從最具體、最直接，但也最恐怖的日常經驗裡去實現自己。

「樺樹林同步劇」這個劇本就是上述道理的實現，面對集中營暴行，哲學家觀念式的談論方法已無任何意義，只有集中營裡囚徒自己的經驗。無論是善是惡，或是善惡之間的灰色，才是唯一的真實。只有在這種經驗裡，去做正向思考，而不是簡單的指控與報復，人類或許能找到得救的起源。存在哲學家沙特曾說：「別人是我的地獄」，弗蘭克則企圖在納粹這種極限臨界的情境裡去找到人類未來的可能性，因為只有如此，人的受苦始可能具有意義。人必須讓自己所受的苦是值得的，它唯一的方法就是超越受苦，讓受苦成為出發的起點。

因此，「樺樹林同步劇」可以說已概括了弗蘭克的存在哲學及人性哲學。它是弗蘭克思想最濃縮的版本。而當人們了解這點之後，再回頭去讀本書的第一部：他的集中營歷劫的記錄，就會對他為什麼不對集中營做集體式的指控，而是非常細膩的對日常生活的細節加以描述有所體悟。

因為，對集中營的罪行做出集體式或概括式的指控，由於它的指控是如此的恐怖與巨大，反而會讓人們產生一種殘酷超現實的印象，也會顯得不是那麼真切，它也會使人們真正掌握住整個罪惡的人心機制。相對的，當透過集中營日常生活的記載，它看起來沒有那麼壯闊，但受苦、殘酷，人類心靈與行為的善良面與邪惡面才會以更深刻的面向呈現。集中營是個人類社會的最極端型態，正因為它是最極端，它所顯露的光明與黑暗也就最突出。

因此，弗蘭克筆下的集中營和許多其他劫餘者的記載有很大的不同。他沒有太多劫餘後的忿怒，反而是多出了一份悲憫。集中營裡人們顯露出了苟存的競爭僥倖心理也有苦中作樂等隨死亡的那種犬儒麻痹，以及殘存的善良和悲哀。他沒有一竿子打翻一條船那樣的把受苦神聖化，而是悲憫自己，悲憫別人，悲憫整個世界。由於他是心理學家，他所看到的集中營景象遂比其他人深刻了許多。或許正因這樣的心情與關懷，遂讓他看到了從地獄裡也會開出花朵來的可能性——它就是本書的第二部分所說的意義療法。

所謂的「意義療法」，本質上乃是心理治療的一種傾向和一種範疇論的課題，它不以佛洛伊德的快樂原則或阿德勒的追求卓越的原則作為人類意志的動力，反而是將意義的找尋這個更宏觀的範疇做為意志的根本。而所謂的「意象」，根據他的集中營經驗，他其實已把「意義」的定義濃縮到了諸如愛、受苦、尊嚴、責任，對人類存在困境尋找新的自由等這些面向，因為意義療法在本質上碰觸到了人類最終極的核心價值，因此過去遂有人稱他為「最後的人道主義」。人類只有在愛、責任、自由、尊嚴這些縱使集中營的暴力都無法消滅的地方，始有可能重建意義以及人類不應被毀滅的終極合理性，因而它在心理諮商時當然也就難度較高，但人類其實不能否認，弗蘭克在這個價值渾沌的時候，終究還是想出了一個更正面的心理活動模式，這也是他對這個世界所做的最大貢獻。一九七〇年代，全球盛行對愛和生命意義這些問題做出探討，都是他的思想的延伸！

一九七〇年代台灣對弗蘭克的思想曾有過一陣熱狂。而今時移境遷，重讀他的著作，當會發現他所留下的，縱使到了今日，仍有極重要的意義。這也是智慧不會老的見證。

（本文作者為知名文化評論人）

〈推薦序〉

每個人必須達成的使命

陳木金

「修行不到心無地，萬種千般逐水流」，看完《向生命說Yes！》這本書感觸許多，生命的任務好像在冥冥之中就註定了生命的使命，人只要順著生命的使命去努力就會發現生命的意義。弗蘭克（Viktor E. Frankl）以其在納粹時期之親身經歷集中營生活的心理反應三階段：㈠入營之後的階段，㈡囚於集中營生活的階段，㈢釋放且重獲自由的階段，忍受種種的待遇而終獲生還，對於活著存在的痛苦、挫折及現代人特有的焦慮與空虛感特別關注，見解深銳而透徹，揭示人類生命的動力在於尋出意義，進而創獲「意義治療法」，開創了心理學的新里程，幫助很多人真正活出生命的意義來。

《向生命說Yes！》是本書作者從集中營的描述說到存在主義的核心內涵，強調「能夠負責」活出意義來的特色，在意義治療法中使人意識到生命的有限，體悟到人由自身及生命中所創獲的一切都具有決定的意義。例如，在生命中的每一種情境都是向每一個人提出的挑戰，同時也提出疑難雜症要求解決，因此生命的意義事實上應該顛倒過來，人不應該去問生命的意義是什麼，必須認清「我們」是什麼。因此，意義治療學認為「能夠負責」是人類存在最重要的本質，並可藉由三種途徑去發現生命的意義：㈠藉著創造及工作（如工作功績），㈡藉著體認價值（如愛情）。㈢藉著受苦（如病痛）。如同作者弗蘭克的意義治療法源自於在集中營種種待遇的忍受，洞見生命中的真理，而乍然匯聚成他生命中無比珍貴的智慧，及堅定了他對生命中無比堅韌的信念，這些智慧全都在《向生命說Yes！》之字裡行間自然的流露著，對於我們有很大的啟示。

「莫聽穿林打葉聲，何妨吟嘯且徐行。……回首向來蕭瑟處，歸去，也無風雨也無晴。」宋代文豪蘇東坡被貶謫到黃州的第三年，以「定風波」這闋詞，點出了他面對艱難的環境時不憂不懼的態度。弗蘭克認為活出意義來，就是為了活著的意義而活，讓我們能真正從根本上去改革我們面對人生的態度，我們應該自行學習並教導瀕臨絕望的人認清一個事實：「真正重要的，不是我們對人生有何指望，而是人生對我們有何指望。」人生的意義包含生存、死亡、臨終的痛苦，一旦看透痛苦的奧秘，我們就不願以忽視、幻想來蔑視或緩和集中營所帶來的痛苦，反而能把痛苦看作是值得承擔的負荷。

尼采說：「懂得為何而活的人，幾乎都能忍受任何痛苦」。每個人在人生的歷程，只要有機會就該給自己一個「為何」而活下去的目的，如此才能夠增強忍受「任何」煎熬的耐力。如果能做到「向生命說Yes！」，積極、正向、有希望、有理想的活出意義來，我們就有能力創造自己的生命，設計意義，並且賦予自己使命。在參透「為何」中，認清我們應以正確的行動和作為來回應，並以「活出意義」來完成生命不斷安排給每個人的使命。

（本文作者為國立政治大學教育系所教授）

〈推薦序〉

觀其文，知其人——弗蘭克醫師的生命意義

張利中

人文是人的話語，在研讀人的話語之前，最好先認識、知道其人。維克多．弗蘭克（Victor Farnkl）是維也納的一位精神科醫師，更重要的是，他是一位受苦的猶太人，我們可以先從猶太人的受苦談起。

猶太人自詡是上帝的選民，在經歷了出埃及等一段段苦難與流離的歷史之後，於西元前一千年間，在巴勒斯坦這條通渠大道上建立了猶太王國，在眾多帝國的環伺之下，注定了這個民族受苦的命運。於西元第一世紀的羅馬統治開始，猶太人經歷了將近兩千年「無國、無土」的大流散歲月。四處移居與受人逼迫的猶太人，始終秉持著對於一神上帝的信仰，維持其民族意識與生存。猶太隔離區（ghetto）在歐洲其來有自，絕對不是在納粹德國底下的新鮮事物；而集中營的火舌煙灰則是猶太人受苦的極致。弗蘭克便是在經歷了人間最大浩劫之餘，說出了有關猶太人此一受苦經驗，說出了「人」如何能夠在終極的苦難之中，依然堅毅地而有尊嚴地活下去的見證。所以閱讀本書，真的不應該脫離了此一受苦意

識，將這本《向生命說Yes！》僅僅視為一本傳授心理治療「技藝」的手冊。而更應該是看待上帝的選民，如何在經歷浩劫災難之後，來切身地告訴我們，受苦是什麼？人如何能夠超越「苦難」，而也正是在受苦之中，意義能夠幫助超越一切！

筆者以及國內的一些學者及研究生，每兩年會前往加拿大參與「國際生命意義網絡」（International Network on Personal Meaning）所舉辦的學術研討會。該研討會的精神領袖就是弗蘭克先生。會中的一個特殊安排是邀集弗蘭克晚年的學生或是他的家人、子孫，來親身分享他們與弗蘭克相處的經驗。

其中有一個故事說到：有一天弗蘭克於維也納，走在往市政廳方向的街上，遠遠望去，在他之前有一個人的身影酷似佛洛伊德，隨著那個身影，十五分鐘後，終於在市政廳前，弗蘭克追上也確定那位走在他之前的人物是佛洛伊德。弗蘭克也因而調侃地說道：「在我一生之中，只有也只有那十五分鐘的時間，我是佛洛伊德的追隨者。」確實，弗蘭克所提倡的「高度心理學」與傳統精神分析心理學所提倡的「深度心理學」是極為不同的。在集中營中，並不是所有人都受制於「基本需求」或者是「性趨力」的支配；就是有人會為了尊嚴、同情、審美與宗教體驗，而捨棄了極為稀少珍貴的麵包、熱湯，甚至是冒著生命的危險而起身與蓋保工頭對抗！人在集中營內，有可能變得冷漠，有可能變得麻木不仁，但是人性的光輝依舊存在。儘管是面對如此乖離的命運，弗蘭克本人就在幾次緊要的關頭上，選擇對其職責與照顧的同袍不離不棄，反而帶著他遠離了險境。我想弗蘭克要說的是，在最壞的情境中，在惡極的團隊裡，都還會有人堅持人性，堅持精神的存有，且發揮良善。在堅持人性與精神存有之中，而任由命運擺佈，也就是對於命運做出了超越的行動。

在樺樹林的同步劇中，蘇格拉底、史賓諾莎與康德三位哲學家的登場，為的是要說明人生有「超越的」，以及「更大的」意義架構存在。在永恆之中，人的存有極為短暫；在神的創造之中，人的「生命圖像」有其界限，哲學家要人思考更廣大的意義範疇。劇中讓人受苦的黨衛軍，竟然是黑天使的化身。這一切的受苦都應該被視為考驗，考驗著劇中受苦的兩位兄弟。母親的亡魂不捨其孩子的受苦，而哲學家卻奢言「這是考驗」，「痛楚又算是什麼？」（若是叔本華也在場，還會喜孜孜地說：「我早就告訴過你！」）。這些哲思，換來的是母親的喝叱：「這話私下說說還可以，但不准您向一位母親說這樣的話。諸位，這種話，不能告訴世上的任何一位母親……。」

換言之，哲學家忙於分辨受苦的意義，母親則是以「當事人」的身份發出警語——定義「苦難」的本質是一回事，而面對他人的受苦則完全是另外一回事。本書英文版序作者哈洛德．庫希納（Harold Kushner）在其《當好人遇到壞事》一書中，對於此一論題，有更切身的描述，建議讀者參閱。總之，不論是「自身」的受苦，或者是「他者」的受苦，都有待吾人以「責任」加以回應，有志於學習意義治療者，則應該認同弗蘭克在書中強調放棄「導師」的角色，學習列維納斯（E. Levinas）對於他者「容顏」的倫理回應，也或許最後才是蘇格拉底「意義接生」的技藝。

（本文作者為東海大學宗教研究所副教授）

〈英文版序〉

人生最大的目標是追求意義

哈洛德・庫希納

維克多・弗蘭克的《*Man's Search for Meaning*》是當代最偉大的一本書。一般說來，一本書只要有一個段落或概念能改變人生，便足以讓人一再閱讀，並得以在書架上占一席之地。這本書則有許多段落足以改變人生。

這是一本關於生存的書。如同眾多生活在一九三〇年代、以為自己很安全的德國與東歐猶太人，弗蘭克也進了納粹集中營與滅絕營。奇蹟的是，他活了下來，如同《聖經》裡那樣「從火中抽出來的一根柴」。但是這本書著重的不是他所經歷的苦難、吃過什麼苦、有什麼損失，而是讓他活下來的動力。本書中，弗蘭克多次贊同地引用尼采的話：「知其為何而活者，幾能肩負一切。」他深刻地描述放棄生命的囚犯，因為對未來完全失去希望，也必然最先離世。死於缺乏食物或醫藥的人，遠少於死於缺乏人生目標的人。

相較之下，弗蘭克讓自己活下去、保持希望的方法，便是喚起對太太的回憶，期盼能再次相見；他也幻想於戰後能教授心理學課程，探討他從奧許維茲集中營獲得的經驗與教訓。的確，許多拚命想活下來的囚犯最後還是亡故，有些死於疾病，有些死在火葬場。但弗蘭克關心的不是為什麼大多數人都死了，而是為什麼竟然有人能活下來。

在奧許維茲集中營的經驗固然可怕，卻也更加鞏固弗蘭克的主要信念：人生最大的目標並非如佛洛伊德所想的追求快樂，也不是阿德勒所說的追求權力，而是追求意義。對所有人來說，人生最大的風險便是追求意義。弗蘭克認為意義的來源有三：工作（做重要的事）、愛情（對他人付出），以及面對困境的勇氣。痛苦與受苦本身毫無意義，我們的反應才能賦予痛苦意義。弗蘭克曾寫道：「人能保持勇敢、有尊嚴又無私，卻也可能在自保的苦澀爭戰中，遺忘身為人類的尊嚴而退化成動物。」他表示，只有極少數受納粹監禁的囚犯能做到前者，但即便只有一個例子，也足以證明人的內在力量能讓他超越外在的命運。

最後是弗蘭克最歷久不衰的見解，我也常引用於個人生活及無數次的諮商中：無法控制的外力能奪走你的一切，但不能奪走你選擇如何應變情勢的自由。你無法控制人生會發生什麼事，但發生這些事時，你絕對能控制自己的感覺及能做的事。

亞瑟．米勒（Arthur Miller）的舞台劇《維琪事件》（Incident at Vichy）裡有這麼一幕：一位中上階層的專業人士來到占領他們城鎮的納粹份子面前，把他的大學畢業證書、知名市民的推薦信等給他們看。納粹黨徒問他：「這是你全部的家當嗎？」那位男子點點頭。納粹黨徒把東西全部丟進垃圾桶，然後對他說：「很好，這下你一無所有了。」那位男子的自尊向來仰賴他人的敬重，這下便徹底受挫了。弗蘭克應該會對此有所反駁：只要我們仍保有選擇應變態度的自由，便絕不會一無所有。

我自己在教會裡的經驗，也證實了弗蘭克的見解。我見過許多成功的生意人，一旦退休便完全失去對生命的熱情。工作賦予他們生命的意義，那往往是唯一讓他們生命有意義的事。沒有了工作，他們便日復一日枯坐家中，因為「無事可做」而憂鬱。我也認識勇於迎向挑戰的人，他們能忍受最可怕的折磨與情況，只要他們相信這樣受苦有意義：無論是想要活到能共同見證家族里程碑，或是讓醫生研究他們的病情，希望能找出治療的方法；只要有活著的動機，就能承受過程中的一切。

我自己的經驗則以另一種方式呼應了弗蘭克。如同我的《當好人遇上壞事》（*When Bad Things Happen to Good People*）一書，正因為我努力了解兒子的疾病與死亡的個人經驗，所以傳遞出來的概念才會顯得重要與可信。弗蘭克的意義治療法學說，藉由引導人們找到生命的意義而治癒心靈，也因為他在奧許維茲的痛苦經驗而使得他的理論更加可信。少了前半部，後半部的書也不會那麼有影響力。

一九六二年版的《*Man's Search for Meaning*》是由知名心理學大師奧爾波特博士（Dr. Gordon Allport）寫的序，新一版序則由神職人員撰寫，這一點我覺得意義重大。這表示我們漸漸認同這是一本極度虔誠的書。這本書堅持生命是有意義的，我們必須學習在各種情況下篤信生命有意義。這本書強調生命有著最終目標。原來的版本在還沒加上後記前，以二十世紀最虔誠的一句話為結尾：

我們已了解人類真正的本質。畢竟，人類發明了奧許維茲毒氣室，同時也抬頭挺胸、口中唸著主禱文[1]或猶太祈禱文[2]步入毒氣室。

（哈洛德．庫希納〔Harold S. Kushner〕是美國麻州內提克市猶太聖殿的榮譽拉比，也是多本暢銷書作者，包括《當好人遇上壞事》、《活出你的價值》，以及《當你畢生所求已不再足夠》〔*When All You've Ever Wanted Isn't Enough*〕。）

1〈馬太福音〉第六章九至十三節。
2 這是最重要的一段猶太祈禱文，〈申命記〉第六章四至九節。

〈德文版序〉

支持維克多・弗蘭克

漢斯・維格爾

正如維也納城堡劇院與城堡並無多少關聯，在我們現今的認知中，維也納的宮廷霍夫堡也和皇室宮廷毫無關係了。

維也納霍夫堡早已被新的世紀平民化、共和化，如今已成為國家文物的典藏處、大學系所部門、各協會的辦事處，甚至是私人公寓。它不僅是會議的舉辦場所，更擁有許多可做為展覽會、音樂會及演講之用的廳院。

一九七六年秋，在動物行為學家康拉德・勞倫茲（Konrad Lorenz）獲獎後一年，鑑於維克多・弗蘭克的個人終身成就，每年於此盛大舉辦的奧地利圖書展評審特別頒授「多瑙國家獎」（Donauland-Preis）給他，典禮就在霍夫堡一間金碧輝煌、燦爛奪目的大廳內隆重舉行。

從過去的歷史角度看來，當晚的頒獎典禮突顯了兩個特殊意義。

雖然在集中營這樣極度黯淡絕望的處境下，維克多・弗蘭克仍然找到一絲面對未來的希望與慰藉。「我想像著自己站在一個寬敞明亮而溫暖華麗的大廳講台上，面對一群興致高昂的聽眾演講，題目為《集中營的心理治療經驗》，並正好談到我才剛經歷過的這一切。」

三十多年後，他就站在這寬敞明亮而溫暖華麗的大廳裡，不疾不徐地講述著。不僅是他如先知預言般的治療想像力，就連他的理論也成功獲得印證；他之所以能親身經歷這實至名歸的夜晚，正是因為他當年在心靈上預先體驗了頒獎那一夜的心境。

然而，對霍夫堡而言，那一刻所代表的意義已遠遠超越了個人的藩籬。

在奧國皇室還占據霍夫堡的期間，他們對周遭所有藝術與精神方面的璀璨發展完全視而不見、充耳不聞。尤其皇室官方的維也納仍存著駝鳥心態，對即將邁入二十世紀的世界劇變漠不關心、無動於衷，一貫麻木地過著自我封閉的生活。雖然皇帝法蘭茲·約瑟夫一世（Franz Josef I）已察覺到周圍世界的新興覺醒，卻也對一棟新建築物表達出個人的強烈反感；那棟美輪美奐的新建築物位於聖米歇爾廣場上，由阿道夫·魯斯（Adolf Loos）設計，從他宮廷窗邊可以望見。

隨著時代的演進，我們的世界學會了觀察那些奧國皇帝不願正視的事物；尤其自從維也納不再是皇帝專屬的城市之後，世界開始發現維也納是個深層心理學與心理治療的首都。如此說來，維也納霍夫堡算是藉此彌補了對維克多·弗蘭克的虧欠。可惜的是，做為宮廷專屬的霍夫堡卻未能給予西格蒙德·佛洛伊德（Sigmund Freud）以及其他人應有的尊崇。

誠然維克多・弗蘭克所遭受的漠視已獲得某種程度平反，但對他個人而言，雙重的名譽補償卻來得太遲，因為此地不僅只有皇帝一人會貶低歧視偉大的思想家。

不過，三十年前終於出現充滿希望的開端。一九四六年，在一個地下小劇場裡的一次討論會上，一個默默無名的人現身舞台，就在我面前，他的個頭很小，和我們當時所有人一樣營養不良。他侃侃而談，在場的聆聽者都能感覺到那一刻的重大意義。他還引用了當時即將出版的一本書中的概念：「來自醫師的心靈治療」。

就在當晚那一刻，維克多・弗蘭克又完全回歸到維也納的精神生活中了。

也從那晚起，我與他成為摯友，在他身邊看著他在戰爭甫結束的年代裡展開充滿希望的新生活。當時的一切似乎都充滿了覺醒的新氣象，但隨後而來的年代思潮卻不若眾人原先的期盼。

就這樣，維克多・弗蘭克成為講師，其後升任教授，又成為某神經暨精神病醫院的主管，繼續他在一九三八年因殘酷不幸而被迫中斷的事業生涯。他在生前即德高望重、享譽國際……然而一如許多其他人，維也納也對他百般刁難，本書收錄的故事即可證明。這些心路歷程在歷經三十個年頭後，輾轉重回當初被記錄下來的故土，然而特別的是，它的旅途終點站卻是一家慕尼黑出版社，而非維也納的出版社。

這份有關集中營的歷劫報導先是由一家維也納出版社發行，初版（三千冊）全數售罄，不料再版卻成為滯銷品。數十年後，美國率先發行英文版，先後竟發行了五十餘版，多次榮獲「年度好書獎」，並打破兩百萬冊的銷售紀錄，譯本幾乎遍佈各種想像得到的文字。不容諱言，弗蘭克在維也納確實是著名學者，並未受到冷落且備受推崇，但維也納人卻令他有一股無法暢所欲言的箝制感。

由於我在戰爭甫結束的幾年內與他往來密切，因而膽敢在此坦言支持他——並非是支持一位醫生、心理學家、哲學家或學者，而是支持一個會繼續屹立不搖於社會的特殊人格、一位本應屬於維也納的良師；支持一日為我師終身為我父的人。個人有太多該感謝他的地方，如今他的某些思想已成為我思想中的一部分，他的某些術語也成為我的辭彙寶藏。多虧從他身上習得的觀點與概念，我才得以免去諸多尷尬的窘境。

誠然，單是心中的感念亦可以信函的方式來表達。不過既然他的兩部個人著作終於在此合而為一，以德語文字呈現在讀者面前，如果不嫌太遲，更應選擇特別的方式來表達。

維克多．弗蘭克畢生遵循他所傳授的學理。從人間煉獄歷劫歸來，回到他的故鄉，雖然失去了摯愛的雙親、兄弟與妻子，失去了一切，他卻完全沒有報復的衝動，只有極少數的集中營生還者和流亡國外者方能如他一般大度。他隨即恢復從前一貫的模樣：維也納醫生。自始至終都駁斥「集體罪過」的理論[1]，他總是強調非人性規則中一再出現的正面例外，也從他個人及某些同伴身上的遭遇中看到善良的一面，並藉此克服了惡劣百倍的魔鬼。他「重新修補別人已經敗壞的事物」。雖然同胞曾百般羞辱他、折磨他，他卻將集中營的囚衣化成醫師的白袍，以醫療牧師的身分幫助他們。

很難想像世上會有比這個「非亞利安人」更有基督的慈悲心腸了，而且他並非基督徒。他宣揚實踐生命的意義，即便處在瀕臨死亡的邊界，其信念也無所動搖。

他的著作遍及世界各角落，但由於當時的隔離封鎖，除了奧地利以外，幾乎傳不到任何一位德語讀者的手中。初版的原書名在時代變遷的影響下成了副標題，因為時至今日，希特勒與希姆勒（Heinrich Himmler）的集中營已成歷史，它們只是其他眾多新地獄中的一例罷了；同時，維克多・弗蘭克戰勝集中營夢魘的經驗，如今也能應用在其他許多質疑生命意義的情況，並非僅止於德國集中營的例子而已。

這個新書名是源自維克多・弗蘭克在維也納社區大學的一系列演講，之後彙集成冊發表，在此有必要稍加解釋。

話說隆納—貝達博士（Dr. Friedrich Löhner-Beda）原是維也納文學家，以撰寫批判時代的詩句起家成名，曾在一次大戰期間發表過愛國詩作，後成為輕歌劇編劇家，與作

1 許多人認為納粹德國在二次大戰期間之所以能有系統地屠殺滅絕猶太人，完全是德奧人民「集體罪過」的結果。

曲家雷哈爾（Franz Lehár）合作《弗里德里克》（*Friederike*）、《微笑之國》（*Das Land des Lächelns*）。他從保皇黨人士搖身一變，成為熱情的猶太復國主義者，一九三八年被關入集中營後死於營內，並在布亨瓦德寫下著名的《布亨瓦德曲》歌詞。該曲由另一名維也納囚犯譜成，乃是一段震撼人心的記錄，開頭段落以通俗的進行曲節奏呼籲受難者保持冷靜，鼓勵他們相信解放終將來臨。歌詞中有這麼一句：「雖然如此，我們仍要向生命說『Yes！』。」

而這個仍要說「Yes！」的信念，也是「形上學會議」[2]所要傳達的訊息，該作品第一次以作者之名，並在此透過書本呈現。

當時這個訊息歷經了集中營的磨難，且構想仍相當模糊，因而沉澱多時。獲釋後一年，它從意識的深層逐漸浮現，維克多．弗蘭克在數小時內一口氣寫下這部戲劇作品，彷佛是經由口述讓人筆錄下來似的。

數日後，他向幾位友人朗誦這部想像的戲劇作品，當時我也在場。個人必須在此強調，並非要做比較文學研究或橫向連結，批判後來其他類似的戲劇形式，但我自始至終都認為這篇文學造詣優良的劇作，是一部極為特殊的「人性記錄」（document humain），而且令我不由得想將披著天使外衣的納粹黨衛軍與杜斯妥也夫斯基的大審判官[3]兩相比較。

弗蘭克當時也將這篇文字介紹給因斯布魯克的友人圈，其中藝文雜誌《*Der Brenner*》

發行人路德維希・封・菲克爾（Ludwig von Ficker）因而結識了弗蘭克，這位特拉克爾與克勞斯[4]的至交，既重要且值得敬仰，當下便請弗蘭克惠賜手稿一份，於一九四八年刊登在雜誌中。唯有知曉菲克爾地位者，才明白這位當代同儕的推崇具有多麼重要的意義。弗蘭克特地為《*Der Brenner*》雜誌取了一個筆名蓋伯瑞・里昂（Gabriel Lion），結合了父親的名字與母親原有的姓氏。

雖然我曾為將劇本搬上舞台而四處奔走，嘗試至少以廣播劇的形式演出，可惜始終未能如願。如今本書重新再版，更熱切期盼該劇能搬上舞台！[5]

弗蘭克由於在故鄉受到的苦難以及因而耽誤的人生，終於在近年獲得些許補償，不但於全球五大洲受邀演講，多次獲頒榮譽博士頭銜，並在維也納成立協會，如今他桃李、聽眾與崇拜者滿天下，活出生命的意義，他的影響力無限，也受到全世界的肯定。

2 參閱本書《樺樹林同步劇》。
3 此乃杜斯妥也夫斯基的小說《卡拉馬助夫兄弟們》中的人物。
4 特拉克爾（Georg Trakl, 1887-1914）與克勞斯（Karl Kraus, 1878-1936），兩人均為二十世紀初期奧地利的重要作家。
5 本書原注：如今該作品已多次搬上舞台，第一齣舞台劇作品——亦即由約瑟夫・費柏里（Joseph Fabry）所得之英譯本——於加州大學城柏克萊演出。隨後在挪威、奧地利、德國與瑞典等地上演，並有舞台式朗誦、廣播劇及電影改編等形式演出。

此外，他也卻透過劇本的內容，賜予我們更多寶藏。藉由辯證的張力，將一段真實的生命歷程與一齣戲劇作品，化成一則符合時代思潮的全新寓言，一則關於人性軟弱與堅強，以及來自上帝苦難根源的寓言。

漢斯．維格爾（Hans Weigel）

一九七七年六月於瑪莉亞—恩澤斯多夫（Maria Enzersdorf）

〈新版後記〉

即使受苦也能找到意義

威廉・溫斯雷德

二〇〇六年一月二十七日是奧許維茲集中營解放六十一週年，當年共犧牲一百五十萬人，今天全球在此見證了第一屆國際大屠殺紀念日。幾個月後，世界大可也來慶祝那段可怕歲月裡，最歷久不衰之作的誕辰紀念。一九四六年首次以德文出版，書名為《一位心理醫師的集中營歷劫經歷》，後來更名為《向生命說Yes！》，後來的版本加上了意義治療法簡介與談悲劇樂觀主義的後記，教導人如何樂觀地面對痛苦、罪惡與死亡。英文版首次出版於一九五九年，書名為《*Man's Search for Meaning*》。

弗蘭克的書已賣出一千兩百萬本，共譯成二十四種語言。一九九一年國會圖書館及每月一書俱樂部的調查中，要求讀者選出「影響你人生的書」，《向生命說Yes！》便榮獲全美十大最有影響力的書。這本書激勵了宗教與哲學家、思想家、心理健康專家、教師、學生，還有各行各業的讀者，成為各大學、研究所與高中學生的常態指定讀物，包括心理學、哲學、歷史、文學、大屠殺研究、宗教與神學。是什麼讓它有如此廣泛的影響力與歷久不衰的價值呢？

弗蘭克的一生幾乎橫跨了整個二十世紀，從一九〇五年出生到一九九七年過世。三歲起，他就決定要成為醫師。在自傳般的回顧中，他想起年輕時會「花好些時間思考生命的意義。特別是將來的意義，及其對我的意義。」

弗蘭克從青少年期便迷上了哲學、實驗心理學與心理分析。為了補充高中課程的不足，他還修了成人教育課程，開始與佛洛伊德通信，最終更由佛洛伊德替弗蘭克向《國際精神分析期刊》（*International Journal of Psychoanalysis*）投稿。投稿文章不但入選了，後來還刊登於期刊上。同一年，十六歲的弗蘭克參加成人教育的哲學工作坊。講師注意到弗蘭克早熟的過人才智，邀請他就生命的意義為大家講課。弗蘭克對聽眾說：「生命對我們提出的問題得靠我們自己回答，也唯有為自己的存在負責才能回答這些問題。」這個信念就此成了弗蘭克私人生活與專業認同的基石。

受到佛洛伊德概念的影響，弗蘭克從高中就決定要成為精神科醫師。同學說弗蘭克有幫助人的天分，這相當鼓舞他，而他也發現自己的天賦不僅能為人診斷心理問題，還能為他人找出動機。

弗蘭克的第一份諮商工作，是他自己在維也納創立的第一個私人青少年諮商計畫，特別針對混亂不安的青少年。一九三〇至一九三七年間，他在維也納大學教學醫院擔任精神科醫師，照顧有自殺傾向的患者。他努力幫助患者找出讓生命有意義的方法，就算有憂鬱症或精神疾病也一樣。到了一九三九年，他已成為羅斯柴爾德醫院的神經科主任，那是維也納唯一的猶太醫院。

大戰前幾年，弗蘭克在羅斯柴爾德醫院的工作，讓他與家人得以無須面臨驅逐出境的威脅。然而，國家社會黨政府關閉那間醫院後，弗蘭克發現他們遭逢重大危機，很可能被送進集中營。一九四二年，美國駐維也納的大使館通知他，表示他有資格領取美國移民簽證。雖然逃離奧地利能讓他完成意義治療法的著作，他還是決定讓簽證流於失效；他覺得自己應該為了年邁的父母留在維也納。一九四二年九月，弗蘭克與家人遭到逮捕，驅逐出境。接下來三年，弗蘭克一共待過四個不同的集中營：特瑞辛市（Theresienstadt）、奧許維茲—畢爾肯瑙（Auschwitz-Birkenau）、考夫因（Kaufering）與達浩（Dachau）營區中的圖克海姆（Türkheim）集中營。

有一點請務必注意，弗蘭克遭到監禁的經歷不是唯一促成《向生命說Yes！》的動力。早在驅逐出境前，他便已開始組織自己的論點，認為追求意義是心理健康與人類幸福的關鍵。身為囚犯，他突然被迫得衡量自己的人生是否還有意義。他之所以能生存，靠的就是他想存活的意志、自保的直覺、善良人性的寬大表現與機靈；當然，也靠著莫名的好運，例如囚禁的地點、守衛一時興起、隨性決定在哪裡排隊，以及要信任與相信誰。然而，要克服集中營裡的匱乏與落魄生活還需要更多。弗蘭克經常激發人類獨特的能力，如天生樂觀、幽默感、心理分離、短暫的孤寂、內在的自由，以及堅定地絕不放棄或自殺。他發現自己必須努力為未來而活，力量來自對妻子充滿愛的想念，還有心底深處想完成意義治療法一書的渴望。他同時也從自然與藝術之美的短暫一瞥中找到意義。更重要的是，他發現無論發生什麼事，他都保有選擇如何應對苦痛的自由。他不僅將這視為一種選擇，更認為這是他與每個人的責任，要選擇「自己背負重擔的方式」。

有時，弗蘭克的概念相當激勵人心，例如描述垂死的患者與四肢癱瘓的人如何與命運妥協。其他則充滿渴望，例如主張人尋找意義要靠「掙扎、努力追求值得的目標，個人自行選擇的任務」。他說明了存在的挫折如何導致、激勵不快樂的外交官，尋找新的、更讓人滿足的職業。然而，弗蘭克也運用道德規勸讓人了解個人「已成為」與「應該成為」兩者之間的落差，以及「人類必須為生命負責，且必須實現生命的潛在意義」的概念。他將自由與責任視為一體兩面。對美國聽眾演講時，弗蘭克喜歡說：「我建議東岸的自由女神像，也該有對稱的負責女神像，在西岸做為互補。」為了實現個人的意義，他說，人必須能超越主觀的歡愉，從事「強調一個人的生命意義，意味著奉獻自己，成就自我之外的人或事……為理想或愛他人而奉獻自己。」弗蘭克自己則決定留在維也納照顧父母，放棄投奔美國的機會。弗蘭克與父親在同一集中營時，獲得足夠的嗎啡減輕父親的疼痛，陪伴父親走過垂死的時日。

即便面臨了種種損失與悲傷，弗蘭克的樂觀、對生命不懈的肯定與蓬勃生氣，讓他堅信希望與正面能量可將挑戰轉為勝利。在《向生命說Yes！》一書中，他連忙補充，並非一定要受苦才能找到意義，只是「即便受苦也能找到意義。」確實如此，他接著說：「受不必要的苦，是自虐而非悲壯。」

我第一次讀《向生命說Yes！》是在一九六〇年代中期，當時我是哲學教授。有位同樣曾監禁於集中營的挪威籍哲學家向我介紹這本書。我的同仁表示，他非常同意弗蘭克的觀點，認為滋養個人內在自由，擁抱自然、藝術、詩與文學之美，感受對家人與朋友的愛，都相當重要。但其他個人選擇、活動、人際關係、嗜好，甚至簡單的快樂，也都能賦予生命意義。那麼，為什麼還有人覺得空虛？弗蘭克在此展現的智慧很值得一提：問題在於選擇以什麼樣的態度去面對生命中的大小挑戰與機會。積極的態度讓人能忍受苦痛與失望，也能強化享受與樂趣。消極的態度會加強痛苦、加深失望，破壞並削弱歡愉、幸福與樂趣，甚至可能導致憂鬱症或生理疾病。

我的朋友暨前同仁諾曼．卡森斯（Norman Cousins）孜孜不倦地提倡積極的態度對促進健康的價值，也警告大家消極的情緒可能危害健康。儘管有些評論家抨擊卡森斯的論點過於簡單，其後的心理神經免疫學（psychoneuroimmunology）研究則證實，積極的情緒、期望與態度能強化免疫系統。這項研究也讓弗蘭克的信念更有說服力，從致命的挑戰到日常生活狀況，個人面對這一切的方法，有助於塑造生命的意義。弗蘭克如此熱心發揚的簡單事實，只要願意聽的人便能了解其深刻的重要性。

人類所做的選擇該是主動而非被動。我們下決定時，便是在肯定我們的自主權。弗蘭克寫道：「人類並非眾多物品之一；物品仰賴彼此做決定，但人類可以自行決定。人在天賦與環境的限制下變成什麼模樣，都源於自身。」舉例來說，在猶太教贖罪日戰爭（Yom Kippur War）中失去雙腿的年輕以色列士兵終日沉溺於悲傷，籠罩著絕望的陰鬱，考慮要自殺。某天，有位朋友發現他的看法變了，變得平靜且充滿希望。這位士兵將他的轉變，歸功於他所讀的《向生命說Yes！》。得知這位士兵的故事時，弗蘭克不禁好奇，是否「有所謂的自傳式治療法（autobibliotherapy）——透過閱讀而痊癒。」

弗蘭克的說明，隱約透露《向生命說Yes！》何以對眾多讀者有如此大的影響力。面臨存在的挑戰或危機時，人會轉向家人、朋友、心理治療師或神職人員尋求建議或諮詢。有時這類建議很有幫助，有時卻沒有。面對困難的決定時，人可能不甚了解，自己的態度會如何影響他們必須做的決定、必須採取的行動。弗蘭克對那些為生命難題尋求解答的人下達了關鍵指令：他不告訴大家該做什麼，而是他們為什麼必須這麼做。

一九四五年，弗蘭克從圖克海姆集中營獲得自由，他曾經差點因斑疹傷寒而死於該營；回到家後，他發現自己只剩一個人。一九四五年八月，回到維也納的第一天，弗蘭克便得知他有孕在身的妻子——緹莉，已因疾病或飢餓死於伯根—貝爾森（Bergen-Belson）集中營。不幸的是，他的父母與哥哥皆死在集中營裡。克服了失去與必然的悲傷後，他仍留在維也納繼續擔任精神科醫師，那時許多人（特別是猶太心理分析師與精神科醫師）紛紛移民到別的國家，他的決定顯然相當特別。基於許多原因，促使他做出這個決定：弗蘭克對維也納懷有深厚的情感，特別是戰後需要他協助的精神病患者。同時，他堅定地認為人們應該尋求和解而非報復，他曾說道：「我不會忘記任何付諸於我的善行，也不會對惡行懷恨在心。」更值得注意的是，他放棄了集體罪責的概念。弗蘭克在維也納的同仁與鄰居很可能也參與了對他的迫害，但弗蘭克也接受他們，沒有譴責他們未加入反抗勢力或英勇地犧牲性命。相反地，他深深相信，即便是邪惡的納粹罪犯或看似沒救的瘋子，也有潛力藉由做出負責任的決定而遠離邪惡或瘋狂。

他全心投入工作。一九四六年，他重組、潤飾了首次驅逐出境時被銷毀的書《醫生與靈魂》（*The Doctor and the Soul*），同一年，他僅花了九天便寫出《向生命說Yes！》。他希望能透過文章，治療廣受人際疏離與社會適應不良的人，他們感受到「內心的空洞」或「內在的空虛」。如此急切地進入專業工作，或許也有助於弗蘭克找回自己的生命意義。

兩年後，他娶了艾琳諾・施文特（Eleanore Schwindt），她與他的第一任妻子同為護士。不過，與緹莉不同的是，她不是猶太人而是天主教徒。雖然這可能只是巧合，卻彰顯了弗蘭克的典型作風，廣納各種宗教信仰或世俗信念。雖然他不認同佛洛伊德與阿德勒的哲學與心理學理論，卻仍欣賞他們。從這點便可看出他是如此篤信個體的獨特性與尊嚴。即使是觀點截然不同的哲學家，他也非常珍惜彼此之間的情誼，如改過自新的納粹支持者馬丁・海德格（Martin Heidegger）、提倡集體罪責的卡爾・雅斯培（Karl Jaspers），以及天主教哲學家暨作家加百列・馬賽爾（Gabriel Marcel）。身為精神科醫師，弗蘭克避免直接提及自己的宗教信仰。他最愛說：精神病學的目標是治療心靈，拯救靈魂一事則交給宗教。

他在維也納聯合醫院擔任神經科主任長達二十五年，為專業人士及一般大眾撰寫了三十餘本著作。他在歐洲、美洲、澳洲、亞洲與非洲四處演講，在哈佛、史丹佛與匹茲堡大學擔任教授職，也是聖地牙哥美國國際大學的特聘意義治療法教授。他見過政治人物、世界領袖如教宗保祿六世、哲學家、學生、教師，以及無數讀過他的書並受到鼓舞的人。即便過了九十歲，弗蘭克仍然親自回覆每個星期上百封的來信。一共二十九所大學頒予他榮譽學位，美國精神醫學學會（American Psychiatric Association）也頒予他奧斯卡費斯特獎（Oskar Pfister Award）。

確立意義治療法為精神醫療技巧，運用存在分析協助患者消除情緒衝突，這些榮耀全歸弗蘭克。他刺激了許多心理治療師，協助患者解決過去或現在的問題，幫助他們親自下決定、為決定負責，進而選擇更豐富的未來。不同時代的心理治療師也因他對人性深刻的理解而受到鼓舞，這番理解更因他的多數創作、演講及迷人的人格而更有影響力。他鼓勵大家靈活地運用存在分析，而非真正成立正式的學說。他主張心理治療師應該著重於個別患者的特定需求，而非從抽象的理論做推斷。

儘管行程緊湊，弗蘭克仍抽空上飛行課，追求他此生熱愛的登山活動。他開玩笑地說，相對於佛洛伊德與阿德勒強調探究個人的過往、探索人類潛意識之直覺與渴望的「深度心理學」，他實行的則是著重於人的未來、人類有意識之決定與行動的「高度心理學」。他對心理治療的研究，強調透過自我超越，亦即應用積極努力、技巧、接受限制與聰明的決定，幫助人達到新的個人意義巔峰，他的目標是要激勵人們，讓他們意識到，自己能夠也應該鍛鍊決定的能力，好達成自己的目標。撰寫悲劇樂觀主義的文章時，他警告我們「這是個糟糕的世界，除非每個人都盡全力，否則情況只會愈來愈糟。」

曾有人要求弗蘭克以一句話說明自己生命的意義。他把答案寫在紙上，要學生猜他寫了什麼。沉默思考許久後，有位學生讓弗蘭克大吃一驚，他說：「你的生命意義在於幫助他人尋找生命的意義。」

「完全正確，跟我所寫的一模一樣。」弗蘭克說。

（威廉．溫斯雷德〔William J. Winslade〕是哲學家、律師、心理分析師，在德州大學蓋文斯頓分校醫學院及休士頓大學法律中心教導精神醫學、醫學倫理、法醫學。）

〈導讀〉

生命意義的追求

賴賢宗

本書是弗蘭克最為人熟知的一本著作。本書是一優良的新的中文譯本，該譯本的內容結合德國 DTV 出版社之《不管如何皆能肯定生命！一位心理醫師的集中營歷劫經歷》（*...trotzdem Ja zum Leben sagen. Ein Psychologe erlebt das Konzentrationslager*, 1982）的德文原版，與美國 Beacon Press 出版之《活出意義來：意義治療學導論》（*Man's Search for Meaning: An Introduction to Logotherapy, 2006*）。英文版以前已經有一個中文譯本：《活出意義來：從集中營說到存在主義》（台北，光啟出版社），由趙可式、沈錦惠合譯。

弗蘭克創立了「意義治療學」，世稱維也納第三學派，他曾將意義治療學和「存在分析」（Existenzanalyse）加以融合，弗蘭克說「意義治療學和存在分析是一體之兩面」[1]，

1 弗蘭克說：「Die Logotherapie und die Existenzanalyse sund je eine Seite ein und derselben Theorie」，收於《意義治療學和存在分析》（*Logotherapie und Existenzanalyse*），Müünchen 1987，此處引文參見頁 57。另參見弗蘭克，《實踐中的心理治療學》（*Die Psychotherapie in der Praxis*, Müünchen 1986, pp.61）。

強調意義的追尋是在心靈的「高度」上的心理學的基本事實，積極肯定宗教的終極意義和終極實體與意義治療學的銜接，而有別於佛洛伊德和阿德勒的「深度」心理學。「意義治療學」深受海德格（M. Heidegger）的存在分析與謝勒（M. Scheler）的價值現象學影響。融合心理分析、哲學與宗教為一爐，當代著名哲學家傅偉勳教授曾撰文[2]介紹意義治療學與禪的關係。

弗蘭克的「意義治療學」是當代的人本心理學的一支，突破源自佛洛伊德的個人心理學的決定論的化約主義的舊心理學典範，重新肯定人的自由意志。[3]「意義治療學」肯定生活的意義與人的超越層面[4]，重新在心理學中肯定「靈性」（Geist, das Geistige）[5]，弗蘭克主張「我們不能忽略靈性層面，因為那是人之所以為人之處」[6]，認為「靈性不僅是一獨特的面向，亦是人存在的本真的面向」[7]，主張「靈性」是整合身心靈的樞紐，弗蘭克針對這點說「人進入存在和人格的核心時，不只是個體化了，也同時整合起來，因而靈性的中樞才能確保及完成人的一體及整合，也唯有依賴靈性的中樞才能做到此一確保及完成」[8]，因此，我們可以說弗蘭克的「意義治療學」是一種「靈性心理學」，藉著「靈性的中樞」達到人的身心靈的一體與整合。

弗蘭克的「意義治療學」的對於意義的理論參考了現象學家謝勒的價值現象學的「本質直觀」，斷言存在著不依賴於主體的真理與價值的理想王國。如同現象學批判了心理主義，弗蘭克也對佛洛伊德的「心理主義」和「病理主義」提出類似的批評。在現代社會，意義和價值的多元化和虛無化，最終導致了意義的失落，引生了新類型的心理疾病。而意義的尋求，則指向真理的客觀性，它的不依賴於個人的意志和願望，被弗蘭克絕對化了，最後指向宗教的存在之必要。

區別於尼采的權力意志和佛洛伊德的快樂意志，弗蘭克另立「意義意志」（Der Wille zum Sinn），意志在此是一個追求意義的自由意志，追求意義在世界當中的完成，最後並指

---

2 傅偉勳〈弗蘭克與意義治療法〉，收於傅偉勳《批判的繼承與創造的發展》，台北，1986；傅偉勳，〈禪佛教、心理分析與實存分析〉，收於傅偉勳《從西方哲學到禪佛教》，北京，1989。

3 李安德，《超個人心理學》，頁 133，「Viktor Frankl ……以《*The Will to Meaning*》一書最為強調自由意志乃是人性的本質，並對主流心理學的決定論典範加以口誅筆伐」。

4 李安德，《超個人心理學》，頁 293。

5 弗蘭克，《醫生與靈魂》（*The Doctor and the Soul*）（New York, 1969），第 30 頁，「深度心理學至今只進入人的本能深處，卻很少深入人的心靈深處」；參照李安德《超個人心理學》第 268-269 頁的相關討論。德文的 Geist, das Geistige 除了譯為「靈性」之外，亦可譯為「精神」。

6 弗蘭克，《醫生與靈魂》（*The Doctor and the Soul*）（New York, 1969），第 ix-x 頁。

7 德文原文為「Das Geistige aber ist nicht nur eine eigene Dimension, sondern auch die eigentliche Dimension des Menschseins」，參見弗蘭克《意義治療學和存在分析》。

8 弗蘭克，《醫生與靈魂》，第 63 頁，文見《存在分析與意義治療學綱領》（*Grundri der Existenzanalyse und Logotherapie*, 1959）。

向宗教的超越層面的終極意義。弗蘭克認為：佛洛伊德的深層心理學（depth psychology）將「性欲」當作基本原理，阿德勒（Adler, 1890-1937）的深層心理學將「自卑情結與優越的尋求」當作基本原理，這些都只是就人性的「深度」而言，卻未及就人性的「高度」來發展個體心理學，弗蘭克以「追求意義的意志」為心理學的基本事實和出發點，在我之外去發現意義，並追求意義在世界上的實現，最終指向宗教層面的「終極意義」，所以，弗蘭克稱他自己的心理學是「高度心理學」，而對比於佛洛伊德和阿德勒的深層心理學[9]。

意義治療學的三個基本原理是：㈠意志自由（Die Freiheit des Willens）[10]，㈡追求意義的意志[11]，㈢生活意義（Der Sinn des Lebens）[12]。意義治療學所論的「意志自由」，並不贊同心理分析的決定論的化約立場，意義治療學雖然同意人存在具有超越心理層面的自由，但是並不同於沙特以任意選擇的自由來規定意志的自由，相對於此，意義治療學所論的「意志自由」是一種不斷探尋「意義」及其實現的超越的自由能力，這裡的「意義」一詞是指人間的生命歷程當中，種種真善美聖的精神價值取向與內涵，弗蘭克說「人之所以為人在於不斷邁向自己以外的人或事物，去實現意義。在此，意義的實現在於或是會遇某人，或為某種價值而獻身，或去愛某個人。唯有當人活出存在自我的超越面向，他才成為本真的人，他才成為真正的自己」[13]。簡言之，意義治療學所說的「自由意志」是「追求意義的意志」。復次，人是一個「在世存有」，「世界性」是人的存在基本面向，人的存在性的意義實現活動也必然是在「世界」當中的意義活動。因此，「追求意義的意志」是「生活意義」。在此，我們可以看出意義治療學的三個基本原理「意志自由」、「追求意義的意志」和「生活意義」是環環相扣的，有其內在的理論關連；這是因為意義治療學把握到了意志的意義活動的現象學的實存基本事實，亦即，意志的意義活動是一種在世界當中的意義追尋和意義實現的超越的價值認知和價值實現的自由能力。

因此，自由意志是一種意義追求意義的意志，它指向生活意義的實現。復次，弗蘭克認為從意義治療學來看，意義的在生活當中的實現有三個層次，這三個層次進一步闡述了上述的「生活意義」：㈠生產性的意義的實現，㈡體驗性的意義的實現，㈢超越性的意義的實現[14]。「生產性的意義的實現」指的是器物層面的生產。「體驗性的意義的實現」指的是與人與人的會遇或經歷某事所得到的價值體驗。「超越性的意義的實現」指的是意識到自

---

9 弗蘭克，《人對終極意義的追尋》（*Man's Search for Ultimate Meaning*），收於《意義治療學和存在分析》，此處的討論，參見頁 266。

10 弗蘭克，《追尋意義的人》（*Der Mensch vor der Frage nach dem Sinn*），München 1985，頁 216-222。

11 弗蘭克，《追尋意義的人》，頁 223-233。

12 弗蘭克，《追尋意義的人》，頁 233 以下。

13 弗蘭克，《追尋意義的未被聽到的吶喊》（*The unheard cry for meaning: psychotherapy and humanism*, New York, 1978）頁 35。李安德，《超個人心理學》頁 326。

14 弗蘭克，《意義治療學和存在分析》，頁 269。

己面對著無可改變的命運，而能藉著超越我們自己，改變我們自己，從而做出我們所能作的最好的狀況，因此，甚至在受苦受難當中，我們也能尋求意義的實現。

又，弗蘭克指出意義的兩種類型：「向下的意義」（meaning as something down to earth）與「向上的意義」（meaning as something up to heaven），後者是一種「終極意義」（ultimate meaning），終極意義是「關於全體的意義，關於宇宙全體或至少是人生全體的意義」[15]，終極意義是人的宗教行為所指向的意義。

「意義的意義」是一現代哲學之中難解的課題，「追問人生的意義」是否是否是假問題對現代哲學而言具有許多爭議。然而，這些現代哲學的討論未免有淪落於哲學作為知性論辯的技巧的玩弄之嫌疑，這些技巧對於一般人的生活世界而言距離甚遠。就弗蘭克前述說法而言，「意義的意義」之真實內容甚為明白通達，而「人生的意義」的追尋是就自由意志的目的性而言，人的生命當然不能缺乏自由意志與其目的追求，則反思此一目的性就是「人生的意義」課題的出發點。弗蘭克前述的三個層次的「生活意義」可以歸結成「幸福」與「愛」。「幸福」與「愛」的追求為「人生的意義是什麼」的困惑的解答，此是引起一般人共鳴的合乎人性的主張。義務論倫理學（Deontologie）強調抑制的自律與「為義務而義務」，強調道德法則是行動的決定根據。但是，另一方面，「幸福」（或說最高善之中的配享幸福）則是道德行動的存在抉擇所指向的實質內容，以「愛」的互為主體性的交流共感為其不可缺少的基礎。弗蘭克的重要性在於以人本心理學的角度生動活潑又具有理論深度地闡明了「幸福」與「愛」的三個層次的意義追求：㈠「幸福」與「愛」的現實層次—生產性的意義的實現。㈡「幸福」與「愛」的價值層次—體驗性的意義的實現。㈢「幸福」與「愛」的宗教層次—超越性的意義的實現。

通過意志自由的肯定，與對意義實現的釐清，弗蘭克的意義治療學最終是指向宗教的超越面向。就意義治療學與宗教面向的關係而言，弗蘭克認為，來作意義治療學的人，多半是從醫學的觀點看來是完全健康的人，弗蘭克為他們所做的是生活意義的追尋之確立，而力圖把他們導向在此意義下的「宗教更新」。在此意義下，心靈療法是「醫學牧師的職事」，意義治療學善於把人引向高度價值領域，導向超越經驗，而宗教則善於提供這樣的價值體系和超越的體驗[16]。傅偉勳曾經就此指出：「他所採取的溫和的自由論並不排除決定論對於負面心性現象的說明或解釋，但在心性的高層次仍能維持實存主體的意義意志，其基本立場與佛教、儒教等等的東方心性論極其接近，不容我們忽視」[17]。

---

15 弗蘭克，《意義治療學和存在分析》，頁 270。

16 傅偉勳，《弗蘭克與意義治療法》，收於傅偉勳《批判的繼承與創造的發展》，台北，1986，此處的討論參見頁 172。另參見魯特凱維奇，《從弗洛伊德到海德格爾》，北京，1989，頁 256。

17 傅偉勳〈禪佛教、心理分析與實存分析〉一文，收於傅偉勳《從西方哲學到禪佛教》，北京，1989，此處引文參見頁 371。

傅偉勳寫作〈弗蘭克與意義治療法〉一文，這是中文世界介紹弗蘭克的意義治療法的先聲。傅先生於此文最後指出「我在本文論介意義療法，主旨是在提醒國內有心人士的關注，希望能在不久的將來看到中國式精神醫學與精神療法的開創，就西方的精神醫學與精神療法，尤其意義療法，取長去短，而與中國心性論與涵養工夫融為一爐」[18]。人本心理學的掘起對心理學界產生了典範革命的衝擊，人本革命對諮商和心靈治療產生鉅大的影響。以前的諮商員和心理治療家只著眼於病態或深層意識所隱藏的問題糾結，忽略了人的整體性、靈性（相對於心理深度而言的心靈高度）和自由意志的意義實現的超越能力。現在，因為人本的衝擊，當代的諮商員和心理治療家越來越從人的整體教化、心靈成長的角度著眼，強調人的整體性和人在人際關係中的意義實現[19]。《向生命說Yes！》新的中文譯本的出版對於中文的心理學界，可謂意義重大。

（本文作者為國立台北大學中文系教授暨系主任）

18 傅偉勳於一九八三年寫作〈弗蘭克與意義治療法〉一文，收於傅偉勳《批判的繼承與創造的發展》，台北，1986，引文參見第179頁。

19 李安德（Andre Lefebvre），《超個人心理學》（*Transpersonal Psychology*），台北，1998，頁119。

〈作者序〉

盡己所能把事做好

除了翻譯成二十一國語言出版，這本書的英文版還再版了將近一百刷。光是英文版就賣出超過三百萬本。

這都是些事實，也很可能是為什麼美國新聞記者，特別是美國新聞台記者，訪問時通常會先列出這些要點，接著驚呼：「弗蘭克博士，您的書真的非常暢銷，您對這樣的成就有什麼感想？」我接著回應，首先，我不認為著作暢銷對我而言是什麼了不起的成就，反而覺得這代表了我們當代的悲哀：如果上百萬人爭相買下一本光看書名就知道是在探討生命意義的書，那麼生命的意義想必是讓他們坐立難安的疑惑。

沒錯，這本書能造成如此大的影響，可能還有其他原因：「概論意義治療法」基本上就是由第一部的自傳式記述（集中營的經驗）提煉出來的教訓，這部分驗證了這理論的存在。因此，兩個部分相互支持彼此的可信度。

一九四五年寫下這本書時，我完全沒想過這些事情。連續寫了九天完成後，我堅持這本書應該要匿名出版。事實上，第一版德文原文版封面上的確沒有我的名字，不過到最後一刻，就在書即將出版前，朋友還是說服了我，至少書名頁上要印我的名字。然而，最初寫下這本書時，我可是堅信這本匿名著作絕不能為其作者獲得任何文學知名度。我只是單純想藉由具體的例子讓讀者知道，在任何情況下，人生都有其潛在的目的，就算最糟的情況也不例外。我心想，如果這個概念可以用集中營這極端的例子應證，這本書或許就能引發興趣。因此，我覺得自己有責任寫下經歷的一切，我認為這或許會對容易沮喪的人有所助益。

所以，這對我來說相當奇怪又不可思議，我寫了這麼多書，最後成功的竟然是這本我原本打算匿名發表、不為作者增加名氣的書。因此，我一再對歐洲及美國的學生耳提面命：「不要一心只想著要成功，你越是想要成功，並以此為標的，就越容易錯失目標。因為，成功就像幸福，不是追求就能獲得；那是自然發生的事，唯有為了比自己更重要的目標全心付出時，才會產生這不經意的效應，又或是屈服於自身以外的人才能附帶產生這種結果。只要你放手去做，不在意成就，自然就能獲得幸福，就跟成功一樣。我希望你們聆聽良心的指示，盡己所能把事做好。然後你就會發現，假以時日成功就會因為你忘了去想而隨之出現。我說是假以時日！」

讀者可能會問，希特勒占領奧地利後，我為什麼沒有設法逃離即將來臨的命運。請容我用以下回憶作為答覆。

就在美國加入二次大戰前，我收到維也納的美國大使館邀請，前往領取我的移民簽證。我的老父老母樂不可支，因為他們覺得我很快就能獲得許可離開奧地利。然而，我卻突然遲疑了。有個問題困擾著我：明知自己遲早會被送進集中營，甚至是所謂的滅絕營，但我真能拋棄我的父母讓他們獨自面對這命運嗎？我的責任到底是什麼？我是該前往那片富饒的土地，哺養我發明的孩子——意義治療法？還是該專注於我身為孩子的責任，不計一切保護父母？我左思右想了很久，卻找不到答案；就是這種難題會讓人希望「老天爺能給個暗示」。

這個時候，我注意到家中桌上擺了一塊大理石。問起父親時，他說那是在國家社會黨焚毀維也納最大的猶太教堂現場找到的。他把這石塊帶回家，因為這跟刻了十誡的石板是同一塊。這塊大理石上刻了一個金色的希伯來文字母，父親說這個字母代表了其中一誡。我迫不及待接著問：「是哪一誡？」他回道：「當孝敬父母，使你的日子在耶和華——你神所賜你的地上得以長久。」當下，我便決定要跟父母親一同留在這塊土地上，讓美國簽證流於失效。

維克多．弗蘭克　一九九二年於維也納

第一部

一位心理醫師在集中營的歷劫記

集中營中的渺小受難者

《向生命說Yes！》主要是一段經歷的描述。換言之，重點並不在於事實報導，而是要呈現數百萬人所走過的千百種不同面向的心路歷程：故事是由集中營的「內部」觀察，是當事人親身經歷的第一事發地點。所以此處並非要描繪重大的恐怖暴行，這些恐怖暴行早已為人爭相報導（卻似乎並未因此而完全讓人相信），而是許多日復一日的小折磨，或者換言之，本書是想提出一個問題：究竟集中營的日常生活會給普通囚犯的心靈帶來何種影響？

前文已提及，以下所描繪的經歷，並非要說明那些著名的大型集中營內發生的事件經過，而是要說明那些惡名昭彰的小分營，也就是大營的附屬集中營。眾所皆知，這些小集中營反而正是有名的滅絕營。同時，本書也不想彰顯偉大的英雄烈士所承受的苦難與死亡，反而想描繪眾多的「渺小受難者」和廣大群眾中的「小人物之死」。因此，我們不會耗費太多精力在那些長年擔任蓋保工頭[1]或某某「重要」囚犯所受的痛苦，或是他們打聽來的小故事上，而會專注在營內「無名小卒」的苦難，也就是針對那些再平常不過的囚犯，那些沒戴臂章、經常被蓋保工頭歧視的小人物。當他們飢餓至死時，蓋保工頭至少還不會營養不良，某些工頭甚至一輩子從未如此愜意生活過。

就心理學與性格學的觀點而言，這些工頭亦可與納粹黨衛軍或集中營衛兵們歸為一類，因為從心理學與社會學的角度來看，這種類型的人已經與納粹黨衛軍同化，將自己出賣。這些工頭經常比集中營衛兵更「凶狠無情」，成了虐待一般囚犯的憤怒狂，譬如比起黨衛軍，蓋保工頭更常毆打囚犯。納粹從一開始就刻意挑選這些足以執行殘暴管理方式的營內囚犯擔任工頭，一旦他們「不合作」，便立刻撤換。

最良善的人已經一去不返

外人不曾親身體驗集中營、從未接受煉獄「洗禮」，容易把營內生活想像得較多愁善感，因而大題小作。若看得太輕描淡寫，自然會對營內狀況產生錯誤印象，因為無法想像營中人為了生存而鬥爭的殘酷，尤其是小營區裡囚犯間的慘烈鬥爭。為了每天的麵包或維持自己的生命與自救，戰鬥經常是殘酷無比；赤裸裸地為一己之利而爭，不論個人或好友。

假設現在納粹官方聲稱即將押送一批特定數目的囚犯前往他營，因為大家都猜測這趟押送是要進「毒氣室」，而此猜測並非無中生有，我們就會自嘲：又要做老弱病殘篩選了。換言之，就是挑出已經不具勞動力的囚犯，送到設有毒氣室與火葬場的大集中營去。戰鬥

1「Capo」一詞源自義大利文，意指主管或老闆；納粹集中營內指的是被指派擔任職務的集中營囚犯，藉以看管一般囚犯。納粹分子給予這些幹部一些生活上的特權乃策略性的決定，目的是確保營內各項工作進行無礙。也因此，許多工頭為了生存，往往比納粹分子更加殘暴。

便在此刻開始爆發延燒，人人自危，草木皆兵，各派系彼此傾軋，無論如何都要設法逃脫被送死的命運，或至少在最後一刻把自己從「死亡名單」中剔除。

想要自救，或把某人從黑名單中剔除，讓別人去做替死鬼的想法是理所當然的，因為問題的重點只在於一個數字，只要達到押解車上的囚犯數目，其他細節納粹當局一概不過問。事實上，每個囚犯只代表一個號碼，名單上也只會出現一些囚犯編號。只要觀察奧許維茲的例子便不難理解，甫押送抵達的囚犯在報到登記處就會被沒收身上所有財物，也不給他們留下任何一張證件，使得人人都有機會重新捏造名字或職業身分，無論出於何種動機，都是一個能大肆利用的好機會。唯一可以驗明正身的（大多數都是烙印方式），而且也是集中營管理員唯一會注意的，就是囚犯的編號。如果警衛或看守員要帶某個囚犯去「報到」，沒人會想到要詢問囚犯的姓名，大都是出於「懶惰」。他頂多只會瞅一眼每個囚犯按照規定必須縫在褲子、裙子和外套上的編號，並且登記下來而已，這樣也會帶來令人喪膽的嚴重後果。

再回到即將押解囚犯的現場吧！在這種情況下，犯人既沒時間，也沒興趣去思考抽象的道德問題。個個只會想到為自己、為了還在家鄉殷切期盼的親人而自保，或是設法營救與他有情感聯繫的夥伴。因此，會毫不猶豫地讓別人、讓另一個「號碼」被拖上押解車。

前面已經暗示過蓋保工頭代表的負面篩選形象：只有最殘暴的狠角色才能勝任這項

差事。幸好其中也有例外，但我們暫時先不談例外。除了由黨衛軍決定，亦即所謂的主動篩選之外，還有被動的篩選：那些已經待在營內多年的老鳥囚犯間的篩選，因為他們從一個營被送到另一個營，最後輾轉待了數十個集中營。一般來說，也只有在生存鬥爭中寡廉鮮恥的人才能倖存下來，無忌於施暴，甚至偷竊同伴的東西也面不改色。我們這些幸運活下來的人心裡十分清楚，這完全是因為經歷了成千上萬個幸運的偶然或上帝的奇蹟使然——隨便人們怎麼定義。因此也可以坦白說：最良善的人已經一去不返。

來自一一九一〇四號囚犯的實驗報告

如果要談編號「一一九一〇四」的實驗，亦即「身為心理醫師」的囚犯在集中營裡的經歷描述，就得事先聲明他在集中營裡沒有從事「心理醫師」的工作，就連醫生都不是（除了獲釋前幾個星期外）。正因為這份報告的重點並不在於記錄他個人的集中營生存方式，而在於一般囚犯所經歷的生存方式，這項聲明就更顯重要。

至於我個人可以在此自豪地說：當時的我頂多不過是個「普通囚犯」罷了，區區一一九一〇四號，而且多數時間都忙著挖土和修築鐵軌。甚至有一回，正當少數幾位夥伴可以慶幸待在半暖的臨時急診處，用廢紙裁製繃帶時，我還必須獨自在某條道路底下挖隧道，就為了裝設自來水管。

另一點對我也頗為重要——為了表揚我的「成就」，建築公司還在一九四四年耶誕節前夕發給我兩張獎賞券。身為集中營勞動的奴隸，我們實際上就等於賣給了建築公司（公司必須按天數與囚犯數目，支付一筆固定金額給集中營的行政部門）。一張獎賞券價值五十芬尼，在營裡可以兌換六根香菸，當然大多得等上幾星期之後。

想不到渺小的我竟然擁有現值十二根香菸的財產！十二根香菸等於十二碗湯，十二碗湯就真的可以免於餓死的命運，大約能撐上兩星期呢。只有蓋保工頭才真正抽得起香菸，反正他每星期鐵定能領到幾張獎賞券，否則就是在工場或倉庫工作的囚犯，可以向人索取香菸充當辦事酬勞。其他所有的小囚犯，不論透過獎賞券的管道，還是冒著生命危險替人辦額外差事得來，都得小心翼翼儲存香菸，用它換食物。除非他們已經放棄繼續活下去的念頭，或對眼前的景象萬念俱灰，決定在生命最後幾天好好「享受」所擁有的丁點財產：假如一位同伴開始抽起他的香菸，我們就知道他已不再相信自己能撐過這一關了。如果失去生存意志，就真的撐不過來了。

以上就是針對本書標題訴求的辯白與解釋，現在探討做此份報告的真正意義。有關集中營的事實報導資料可說已經非常豐富，因此這裡會提及事實的原則是，如果個人的內在知覺經驗等同於實際事件的經驗；而下面的心理學實驗正是要處理這類的內在知覺經驗。對於它具有雙重意義，端視讀者對集中營與營內生活的認識是否是來自個人的親身體驗。對於第一組讀者而言，這個實驗的目的是利用現下所擁有的科學方法來解釋他們本身的經歷。至於第二組讀者，目的是要讓他們了解我們為第一組讀者做的解釋。

因此實驗的重點是，即便是外人，我們也要讓他理解別人的經驗，理解集中營犯人的經驗歷程，最後希望他能諒解那些數目少得可憐的集中營倖存者，諒解他們怪異的生命價值觀，若從心理學角度而言，這樣的生命觀也可以說是全新的生命觀。這畢竟不易理解；經常會一再聽到當事人說：「我們並不喜歡談及個人經歷，因為對一個親身待過集中營的人來說，當然毋庸贅言。對一個沒有親身經歷過的人，是永遠也無法讓他明白我們當時內在的殘破景象，而此刻我們的內心依然是何等不堪。」

然而從方法論的角度來看，這樣的心理學實驗卻有些困難之處。心理學要求我們必須與科學研究保持距離，如今一個親身體會過集中營煉獄的人，甚至必須在經歷的同時做相關性觀察，他能保持必要的超然距離嗎？外人縱然能保持這樣的距離，但他的距離已經遠在體驗察覺的場域之外，無法做任何有效陳述。

「身歷其境者」雖然也許沒有足夠的距離可做客觀判斷，卻是唯一了解中心事件的人。當然，這個研究標準本身也許、甚至很可能就是扭曲的。這個可能性無法完全排除，但我們的重點一方面是要將所謂個人化部分排除在事件描述之外，另一方面也極為重要的是——有勇氣面對個人事件的描述。事實上，這類心理學研究的根本危險並不在於染上個人色彩，而在於染上某種特定傾向。因此歡迎有志者將本書做的研究再次過濾，直到完全不含個人色彩為止，並從此處提供的主觀經驗結晶萃取出客觀的理論。

正如數十年來的情況所示，與本書相關的心理學理論應有助於監獄心理學及精神病理學的研究貢獻。第一次世界大戰的結果已經讓我們頭一回認識到「鐵絲網恐懼症」（Stacheldrahtkrankheit, barbed wire disease）這種病態的精神反應症狀，在所有戰犯營中均可觀察得到。二次世界大戰又使得「群眾精神病理學」的研究更加豐富（如果將雷朋[2]著名的書題與辭彙稍加修改套用的話）：因為第一，此次大戰帶來所謂的「神經戰」；第二，正是它提供了我們有關集中營的經驗材料。

最後在此說明一點：個人原不打算以真實姓名發表此書，僅想使用我的囚犯編號，決定性的因素在於個人反對將倖存者的想法暴露無疑。待本書脫稿時，由於考量到與其將著作匿名發表貶低其價值，不如勇敢承認，提高這項科學發現的意義，因此也說服我改變初衷，放棄在事件後刻意刪除名字，而以承認的勇氣對抗曝光的畏縮——這也等於開了自己一個玩笑。

2 雷朋（Gustave Le Bon, 1841-1931），法國社會心理學家，以研究群眾心理特徵著稱。

第一階段：入營報到

如果試著把在集中營裡做的自我及外來觀察的豐富資料、經歷與體驗的總合，先做個初步整理並大略分類，可將囚犯對營內生活的精神反應分為三個階段：入營報到期、真正的集中營生活期，以及釋放或解放出營後的階段。

奧許維茲火車站

第一階段可以稱之為報到驚嚇期。不過我們必須先想像，在制式化的報到程序下，心理的驚恐作用可能會提前發生。例如我們要被送到奧許維茲時的心理狀態如何？

大家可以想像：這列載了一千五百人的火車已經行進了數天數夜，每個車廂都擠了八十個躺在自己行李（僅存的剩餘財產）上的人，車窗旁也堆滿了背包、袋子，只剩最頂端沒被遮住，勉強可以見到晨曦的曙光。大家一致認為，這趟路途的目的地是某個武器工廠，並在那裡被迫當勞工。現在火車似乎停在前不著村、後不著店的路上，誰也不知道究竟還在西里西亞[3]，或者已經到了波蘭？當列車因為準備進入大站而開始換軌時，車頭尖銳的氣笛聲聽

3 西里西亞（Schlesien）大部分位於今波蘭，小部分位於德國與捷克，二次大戰前被德國占領。

來倍感淒厲，如同即將面臨厄難的群眾透過機械擬人化而直覺發出呼救。車廂裡滿懷恐懼等待命運安排的人群中，突然傳出一聲驚叫：「看到地名了——奧許維茲！」此刻大概人人都感覺心臟停頓了。這是一個令人聞之喪膽的名字，代表著渾沌不明的毒氣室、火葬焚化爐與大屠殺！正因為渾沌不明，所以更加恐怖萬千！火車繼續緩緩駛進，如此猶豫，彷彿不願強烈打擊它所載送的這批不幸乘客，只讓他們逐漸領悟眼前的殘忍事實：奧許維茲！

現在視線更清楚了：晨曦中，鐵路左右兩側一公里遠處，一座規模龐大的集中營輪廓已清晰可辨。綿延無盡的層層倒刺鐵絲網、監視塔、探照燈和長長的隊伍，一個個披著襤褸衣衫的灰白人形，在灰白的晨光中拖著疲憊的身子往前挪動，拖過單調筆直的營區道路——沒人知道他們要前往何處。零星的指揮哨音在各處此起彼落——沒人知道是為何吹哨。我們中間已有人被此情此景震懾住，臉上驚恐的表情顯露無疑。譬如我，似乎就瞥見幾個吊著屍體的絞刑架，心中不禁毛骨悚然。不過能有這樣的反應也好，因為我們即將步向這恐怖無比的煉獄中。

火車終於進站，目前還沒什麼動靜。不久，即傳來了尖銳刺耳又粗聲的吼叫。從現在起，我們在每個營區都將不斷聽到這樣怪異的指揮號令，聽來像是即將被處死者行刑前的最後哀號，然而這聲音如此沙啞、嘶喊，如同發自一個得不斷喊叫的男人喉頭，彷彿他必須一再被處死。

這會兒車廂的門扯開，幾個身穿條紋囚衣的犯人衝了進來，滿頭剃得精光，看來營養不錯。他們操著各種不同的歐洲語言，而且親切地把我們當下人對待，此時此刻這種態度，不禁讓人感到有些荒謬可笑。正如溺水者緊抓著稻草，我一貫的樂觀主義也緊握著眼前的事實——他們的氣色還不錯，即便在當年最艱難的處境下，也一路撐了過來。這些人顯然心情挺好，甚至還有說有笑；誰說我不會跟他們一樣幸運？我們在精神病院知道這種所謂的赦免妄想症狀：被判死刑之人在即將行刑的最後一刻，突然開始幻想自己會在千鈞一髮之際獲釋。如今我們也是緊抓住這希望，直到最後一刻還相信情況不會、也不可能變得這樣惡劣。

看看這些犯人紅光滿面的臉龐！無奈當時我們根本還不知道這些人其實是所謂的「菁英」，專門接收處理每天、經年累月駛進奧許維茲車站、載運了成千上萬經過篩選的犯人火車，同時也接收犯人的行李，包括裡頭藏放的值錢物品：稀有珍貴的二手貨及走私的首飾。毫無疑問，此時的奧許維茲在戰爭晚期的歐洲已成為一個特殊中樞：他們所接收的寶藏包括各種金銀、白金或鑽石，都非常稀有珍貴，不光是儲存在那些大倉庫裡，也落入了黨衛軍、甚至辦理我們報到手續的「高級囚犯」中。

一千一百名囚犯擠在唯一的臨時木板房（我估計這房子原來最多只能容納兩百人），在光禿禿的地板上飢寒交迫，或蹲、或坐、或站，不是人人都有地方坐，更遑論可躺的位子，整整四天之久我們只吃了一小塊麵包（大約一百五十克）。就在即將被轉押到各個小營區之前，我不經意聽到本營營房長正和其中一位菁英因犯達成鑲鑽白金領帶夾的交易，而大多數的交易品最後都換成燒酒。不過我已記不清，為了滿足一個盡興的夜晚的燒酒量得花上幾千馬克？我只知道一點：這些營內老鳥非常需要燒酒。

如果他們想在這種內外交迫的環境下，用酒精來麻醉自己，誰能責怪他們？更何況那些被迫在毒氣室與火葬場工作的犯人心裡十分清楚，總有一天他們得交班給另一群菁英，自己也必須步上罹難者走過的老路，從劊子手的奴隸淪落為受難者。實際上，這群犯人要多少酒就有多少，連黨衛軍都不吝提供給他們。

第一次篩選

我們這批人或多或少都由於這趟火車歷程而處在所謂的「赦免妄想症」狀態中，不見黃河心不死。因為大家還無法了解發生了什麼事，直到晚上才恍然大悟。他們命令大家將所有行李留在車廂裡、下車，同時男女分開排成兩行列隊通過，好讓一位高階黨衛軍官檢閱。不知怎地，我突然心生勇氣，決定帶著倉卒藏在大衣底下的麵包袋。眼見我的隊伍一個接一個走向那位軍官，心中暗自估量：萬一他發現了讓我沉肩的沉重麵包袋，起碼會賞我一個耳光，讓我整個人摔在泥濘裡。這把戲先前已在別處見識過了。愈接近這人，我就愈本能地抬頭挺胸，不讓他注意到我身上還藏了東西。而此刻他就在我面前：高大、修長、能幹，一身完美無暇、光鮮整潔的制服——一個外表優雅、修飾整齊的人，和我們這群因為煎熬數夜，而看來精疲力竭且蓬頭垢面的可憐蟲，彷彿相距千里之遙。

他一副毫不在乎的模樣逕自站著，左手撐著右手肘，抬起右手，食指稍稍揮了一下，一會兒向左，一會兒向右，但大多向左。大夥兒沒人理解他這一根食指做出來的小小動作究竟代表什麼涵意——一會兒向左，一會兒向右，但大多向左。現在輪到我了。剛剛才有人向我耳語，向右（從觀者看來）是去工作，向左是去沒有勞動力或病人的集中營。我只能任由命運擺布——這是往後經常會面臨的頭一回。沉重的麵包袋把我拉向左邊，我拚了命挺直身子，抬頭挺胸。那個黨衛軍官仔細審視我，看似有些猶豫或懷疑，雙手放在我的肩膀上，我努力做出「雄糾糾」的姿態，腰桿子英挺筆直，他緩緩轉動我的肩膀，讓我向右看去——我就向右快跑。

到了晚上，我們才明白這食指遊戲的真正意義：這就是第一次篩選！第一次決定生或死。對於這趟運輸的絕大多數者而言，大約有百分之九十等於是判了死刑，而且就在接下來的數小時內執行。誰要是被命令往左（從我們看來），就從火車站斜坡道直接前往火葬場，正如在那裡工作的囚犯跟我描述的——可以在那裡看見由多種歐洲語文寫成的大字，管這棟建築物叫「浴室」。然後所有往左邊的人手上都會拿到一塊「人體脂肪肥皂」[4]。至於接下來發生的事，現在已有許多更可靠的消息報導，容我在此沉默。我們這批火車中的多數人在當晚便已明白真相。我問了待在營內較久的夥伴，我的同事與朋友們可能會去哪裡？

「他們被送往另一邊去了嗎？」他問。

「是的。」我說。

「那你就會在那裡看到他們。」有人這麼告訴我。

哪裡？有隻手指著幾百公尺外的大煙囪，從裡頭噴湧出數公尺高的烈焰，火舌不時對著灰暗的波蘭天空向上竄升，消散在黑霧濃煙中，看起來格外陰森恐怖。

那裡是什麼？

「你的朋友正在那裡飄向天堂呢。」又有人給我一個殘忍又粗魯的答案。天真的我還沒領悟過來，直到有人幫我「洗禮」。

這些先前已經提及過。由心理學的角度來看，從那天黎明破曉時分的火車站前到睡在集中營的第一夜，我們還走過一段艱難的漫漫長路。我們的隊伍在隨時持槍的黨衛軍衛兵團戒護下，從火車站快步前進，走過兩邊佈滿高壓電鐵絲網的道路，穿過營區，直到消毒浴室——對我們這批通過第一次淘汰考驗的人來說，這至少真的是一間浴室。接著，我們的赦免妄想症又獲得了些許養分：黨衛軍看來似乎真的頗友善！但不久我們便發現，只要他們還對我們手上的腕錶有興趣，態度就相當友善，勸我們「交出來」的語氣還十分溫和，說我們反正遲早都得交出身上僅存的財物。大家心中自忖，失去了就是失去了，如果手錶給了眼前這個還算親切的人，有何不可？說不定他還能為我們爭取到一些利益。

將以往一筆勾銷

此刻我們正在一間營房裡等候，這是要去「消毒室」的前廳。黨衛軍拿出大罩毯，要我們把所有的罐頭、手錶與珠寶都往裡頭扔。我們之中還有些不知死活的天真鬼，膽敢問能否至少留下結婚戒指、獎牌、護身符或紀念物之類的，讓一旁協助的「老鳥」囚犯也等著看好戲。到此還無人真的相信，他們會讓你徹底孑然一身。我也試著拉攏其中一個老鳥囚犯，輕手輕腳貼近他，手指著大衣胸前口袋裡的一個紙卷說：「喂，你聽著！我這裡有本學術著作的草稿。我知道你會說什麼，我知道：遭逢劫難只要祈求活著出去就該謝天謝地了，留得青山在，不怕沒柴燒，救命最重要。但我實在克制不住自己的非分妄想，還想要更多。無論如何我都想保住這份草稿，裡頭有我畢生的心血結晶啊！你了解嗎？」

他似乎開始了解我了，好啊！他整張臉笑了起來，起初是同情，然後帶著嘲笑、譏諷、幸災樂禍的意味，直到他扮起鬼臉對著我大吼，將我的問題用唯一一個詞彙來回答，

4 二次大戰期間，納粹利用猶太人屍體脂肪製成肥皂。

集中營囚犯慣用的字眼。他大喊：「狗屎！」我這才明白事情的嚴重性，然後下決心做一件事，表現出整個第一期心理反應的高潮：將我之前的生命一筆勾銷。

這群驚嚇過度、面容慘白的火車同伴正不知所措地彼此討論著，突然一陣騷動，又是那個尖銳刺耳的指揮吼叫聲；大家一律被推撞驅趕、用小跑步進入消毒室的前廳。這會兒我們站在一個大廳裡，中央一個黨衛軍官正等候我們全數到齊。接著他開口：「我現在看錶，給你們兩分鐘的時間，兩分鐘內要把全部的衣物脫下。所有東西都扔在地上，除了鞋子、褲帶或皮帶、一副眼鏡，最多再加上疝帶，其他東西都不准帶走。我現在計時——開始！」大夥兒在手忙腳亂下扒光身上所有東西。愈接近時限，就愈發慌張無助地猛扯內外衣物、帶子和腰帶等。馬上就聽見第一聲鞭打：皮鞭劈里啪啦打在赤裸裸的身軀上。接著我們被趕到另一個房間去被剃得精光。不只是頭髮，全身上下一根毛都不剩。然後再被趕進淋浴室，列隊集合時，我們幾乎認不得彼此，但喜悅慶幸之情個個溢於言表，因為從蓮蓬頭洞口噴流下來的——真的是水。

唯一留下來的，是赤裸裸的存在

在我們等候淋浴的這段時間裡，才真正體會到何謂赤裸裸的存在：現在除了赤裸裸的軀體之外，我們真的一無所有了（連毛髮都被剃得精光）。也就是說，除了真正赤裸裸的存在以外，我們一無所有。究竟此刻還有什麼身外之物與我們從前的生命連結？譬如我，只剩下眼鏡和皮帶，後來為了這條皮帶，我還必須拿一塊麵包來換。當晚，身上有疝帶的人又飽受一場驚嚇。我們的營房長發表了歡迎詞，以「名譽」鄭重擔保他會親自將那些偷偷把「美金或貴重金屬」縫在疝帶裡的人「掛在這根梁柱上」（他往梁柱方向指了指），並驕傲地解釋，按照規定，身為營房長擁有這個權力。

連按規定可以留下的鞋子也為我們製造不少麻煩。誰要是擁有品質還算差強人意的鞋子，最後也難逃被沒收的命運，取而代之的是隨便扔給你一雙不合腳的爛鞋。誰要是天真聽信了前廳那些老資格囚犯的「忠言」，狠下心來把自己一雙漂亮的加拿大長筒機車靴截短，不但把靴筒切掉，還做多餘的偽裝，企圖用肥皂塗抹切割的痕跡來掩飾這項「陰謀破壞行動」，這些人此刻便笑不出來了：黨衛軍們似乎就等著你出此下策，因為他們現在正要我們出列，準備檢查鞋子。誰的鞋子看似故意剪了靴筒，就得去隔壁小房間聽候發落。隔了一段時間後，終於傳來不絕於耳的皮鞭拍打聲和嚴刑拷打的哀號。

幻想就這樣一個個化為烏有，我們原本還心存保留的幻想。此刻遺留在大多數人心中的，只剩下一個意想不到的東西：苦中作樂！我們知道，除了這條赤裸裸的可笑生命之外，再也沒什麼可失去的了。當蓮蓬頭往下噴水的那一刻，我們或多或少彼此開玩笑，或至少是可稱得上幽默的評論，無不極力自我解嘲，當然也少不了嘲笑別人。因為再說一次：蓮蓬頭中流下來的真的是水！

除了苦中作樂之外，另一種感覺也逐漸襲上心頭：好奇心。我個人是從另一個領域中得知，這種行為模式是在特殊狀況下產生的基本反應。因為從前面臨生命危險，譬如爬山墜落山谷而大難不死時，我知道在那短短數秒的當口（或極可能僅一瞬間），對每個突發的外在事件只會產生一種行為模式：好奇心——想知道我是否真能死裡逃生，或顱底骨破裂和其他骨骼碎裂等等。在奧許維茲的世界彷彿也籠罩著這種客觀化、與人們保持距離、幾乎異常冷靜的好奇態度，一種靜觀其變的態度，整個心靈退縮到旁觀與等待的狀態，並試圖維繫這種心態。我們好奇地等待接下來會發生的事，後果又將如何，比如才剛從蓮蓬頭底下出來、任由全身赤裸裸、濕漉漉的我們站在晚秋寒冷的戶外。然而短短幾天之內，好奇心便被意想不到的驚喜取代，例如我們竟然沒有因此而著涼感冒。

然而，這樣平凡的驚喜還會不斷發生在菜鳥囚犯身上。其中一位醫生更學到一點：教科書全是騙人的！不知哪本書上說，人無睡眠便撐不過多少小時云云。胡扯！人們經常自我想像這不可行或不能任其不管；「如果沒有……」便無法入睡；人如果「缺乏……」便活不下去等。我在奧許維茲的第一夜就是睡在三層的「箱床」裡，每一層（尺寸大約為2×2.5公尺）九個人直接睡在床板上；每一層，也就是九個人一共只有兩床被子可蓋。這種情況下當然只能側睡，大家擠來擠去，不過對於戶外的酷寒和沒有暖爐的屋子來說，也未嘗不是壞事。鞋子是不准帶進所謂的「盒子」裡，頂多有人冒著違反規定的危險，即使沾滿了糞便、爛泥，仍舊把它拿來充當枕頭。否則除了把頭靠在向上彎得幾乎脫臼的胳膊上，我們別無選擇。

即使環境如此惡劣，睡眠仍帶走了我們清醒的意識，也消除了僵硬睡姿造成的痛楚。再列舉幾個其他意想不到之處，人的能耐竟如此之大：例如即便在整個集中營生活期間都不刷牙，而且嚴重缺乏維他命，牙齦狀況卻從未如此好過。或者：同一件上衣可以穿長達半年之久，直到再也認不出這曾經是件上衣為止；因為盥洗室的水管整個結凍，好幾天連局部清潔都不成，更別妄想洗澡；手上雖然傷痕累累，又因挖土工作而沾滿污垢，卻奇蹟地沒有化膿（前提條件是沒有零下的酷寒溫度）。又如：從前被隔壁房丁點動靜吵醒後就再也睡不著的人，如今不但被躺在身邊的夥伴擠壓，距離耳朵只有區區幾公分的鼻子也傳來如雷鼾聲，居然還能倒頭就呼呼大睡，天打雷劈也喚不醒。這時我們真該深切體會到杜思妥也夫斯基的一句名言有多貼切，這句話幾乎把人定義成一種會習慣所有事物的生物。如果有人問我們，人是否真能習慣或適應一切？我們會說：是的——但請別問我們是如何適應的。

不要走進鐵絲網！

我們的心理實驗還在進行，但當時的我們還無法進入狀況，因為事件正圍繞著我們發生，大家仍然處在第一期的心理反應中。面臨山窮水盡，時時刻刻、分分秒秒都潛伏著死亡危機的處境，加上其他人（大多數人）瀕臨死亡，在在都不禁讓人閃過自殺的念頭，即便只是一剎那。不過由於自己所抱持的基本世界觀——有關此點容後再述——促使我在奧許維茲第一夜即將入眠前對自己許下諾言，絕不「走進鐵絲網」。這在集中營廣為流傳的說法，指的是營內十分普遍的自殺途徑：去碰觸充滿高壓電的倒刺鐵絲網。

不要走進鐵絲網——在奧許維茲要做出這抉擇並不難，畢竟在那裡試圖自殺相當多餘，因為如果依照「平均壽命」的統計數字或機率來計算，那裡的一般囚犯並不能期待自己會屬於那群百分比極低的人，可以熬過日後無數次五花八門的篩選折磨而倖存下來。還處在驚嚇期的奧許維茲囚犯根本不害怕死亡；初入營的頭幾天，毒氣室對他而言早已不構成恐懼威脅，因為毒氣室正好為他省下自殺的麻煩。

根據觀察中立的夥伴一再重複的陳述說，我幾乎沒有因為報到時遭受的驚嚇而特別抑鬱，應該可以自豪地這麼說吧；不過隔日上午，我也只能對下面要說的事情淡淡地一笑置之。

雖然有「營區管制」（管制期間若無特殊任務，一律不准離開營房），一位舊日同僚不顧風險，矇混過檢查來到我們營房，企圖安慰我們。他比我們早幾個星期來到奧許維茲，身形已經消瘦到讓我幾乎認不出來。他帶著一副或多或少裝出來的輕鬆開朗和不在意，匆匆給了我們一些建議：「別害怕！不必擔心勞動力篩選！那個M（集中營黨衛軍醫官）喜歡醫生。」（事實並非如此，但我無意在此深入討論真相，也不想提及這位「醫生」所積極維護的表象竟如惡魔般殘酷卑劣。我只知道：一位年約六十、本身也是犯人的營區醫師告訴我，他是如何苦苦哀求M醫師把決定送往毒氣室的兒子還給他，然而M醫師卻冷酷無情地拒絕了。）

「我只求你們，也建議你們，盡量每天刮鬍子。隨便拿什麼都好，用玻璃碎片也行，要不就犧牲你們身上最後一塊麵包，讓人幫忙刮鬍子。這樣看來會年輕許多，刮刮臉頰也會比較紅潤。千萬別生病，千萬別一副病奄奄的樣子！如果想活命就只有一條路：讓人覺得你耐操。只要一點普通小傷、一個被鞋擠壓的瘀青就能讓你一跛一跛。萬一黨衛軍瞧見了，大手一揮叫你過來，第二天保證進毒氣室。你們知道在我們這裡叫什麼樣的人是穆斯林嗎？可憐的牢騷鬼，瘦骨如柴，一副病奄奄的落魄樣子，做不了什麼粗活兒。這樣的穆斯林早晚、大多早早就進了毒氣室！所以再次告誡你們：一定得刮鬍子，無論或走或站都要抬頭挺胸！這樣就不必害怕毒氣室。雖然來到集中營才二十四小時，不過看你們現在的樣子，大家都不必害怕毒氣室，也許除了你們之中一個——你，」這時他把手指向我，「你不會生我的氣吧？但我坦白對你們說：頂多就他一個，」現在他又把頭對著我，「你們中間只有他可能會在下次篩選時被淘汰。那麼大家現在可以安心了吧！」我發誓：我當時只是淡淡一笑，而且我確信，無論誰換成了我，在這一天也不會有其他反應。

詩人萊辛[5]曾經說過：「一個人如果不會因為某些事情而失去理智，他就等於根本沒有理智。」一個非常時期的異常反應，也可以稱得上是正常行為。我們身為精神病醫師，也會期待一個百分之百的正常人，同樣可能會對事實做出十分不正常的反應，也會陷入瘋狂狀況，例如被送到精神病院等。囚犯被送到集中營的行為反應正是表現出其精神處在非正常狀態下，而就以上相關情形觀察，這個反應本身其實是一種正常、典型的情緒反應。

5 萊辛（Gotthold Ephraim Lessing, 1729-1781）德國十八世紀文學、戲劇與美學評論家。

第二階段：集中營的生活

麻木不仁

以上描寫的反應方式在幾天後開始有了轉變，經歷了第一階段驚嚇期的囚犯逐漸陷入所謂相對麻木的第二期——不知不覺、緩緩地扼殺自我內在。除了方才所提形形色色的情緒反應之外，新進囚犯在集中營生活的初期，也以極度折磨的方式經歷了其他方面的情緒波動，使人不久便開始扼殺自我內在。特別是充滿了對家鄉親人的無限渴望，如針錐般的痛徹心扉，令人只能產生一種感覺：讓它趕快消逝吧。一股作嘔的厭惡感接著出現，厭惡一切的醜陋事物，包括圍繞在犯人周遭的純外在表象。他也如大多數夥伴一樣被迫「披著破布」，相較之下，稻草人的裝扮看來還優雅許多。

集中營裡各營房之間除了爛泥巴以外沒有別的，尤其「平整道路」的苦工做得愈久，被運走的爛泥愈多，身上沾的泥巴就愈多。他們尤其喜歡把新進菜鳥分配到工作隊，專門清潔茅坑、水肥車等。萬一在坑坑窪窪的田裡噴灑糞肥時不小心（一如往常）讓糞水濺到臉上，吃驚或企圖把它擦掉的反應肯定會換來蓋保工頭一頓毒打，因為工人這麼「忸忸怩怩」的態度令他惱怒。

扼殺正常情緒反應的現象持續蔓延。起初只要集合號令一發，他會試圖轉移目光，因為又得被迫旁觀某群犯人反覆受罰的場面。此時的他還無法忍受眼睜睜看著別人被折磨虐待，不忍看著不但被迫數小時在泥濘裡遭鞭打、還得配合速度起立又倒下的同伴。過了幾天或幾星期後就完全不同了：天還未亮的時候，他就和所屬工作隊一起立正站在營區大門前的道路上準備出發。突然傳來一陣慘叫，眼光順著看去，一位同伴正不斷被拳頭打倒在地，站起來又不斷被打倒。為什麼？只因為他發燒了，不過因為是半夜才開始發燒，來不及去（急診室）測量體溫、做病假報告，結果被人懷疑他企圖做絕望掙扎，想一早告病來逃過外勤勞役而受罰。

然而此時心理反應已經進入第二期的旁觀囚犯而不再轉移目光。無所謂，感覺已經磨鈍了，他可以無動於衷地冷眼旁觀。或者：假如輪到他自己在晚上去擠急診室，希望能因為他的傷，因為飢餓水腫或發燒而得到兩天的「休養」病假，不必在外忍受風霜雨雪，那麼他也能夠冷眼旁觀一個十二歲男孩被抬進來的模樣。因為營裡已經沒有適合他的鞋子，男孩不得已光著腳丫子接受集合令，在雪地裡站好幾小時，白天還得外出操勞。現在他的腳趾已經凍壞了，急診醫生正用鉗子把那節凍壞的黑腳趾從關節上拔掉。噁心、恐怖、同情、憤怒，此刻所有情緒反應在我們這位旁觀者身上都已煙消雲散了。無論受苦受難者、重病者、行將就木者、往生者——只要受過幾星期集中營生活的洗禮，面對所有這一切的眼光就會變得習以為常，因為他已不再有任何感覺。

有段時間我因為患了斑疹傷寒而躺在滿是高燒和昏迷病人的營房裡，他們之中有許多病患是在垂死邊緣掙扎，而且剛剛才又死了一個。這情形已經發生千百次了；正因為是第千百次了，所以才無法喚起任何情緒反應？眼看著一位同伴跟在其他人後面，設法接近還有餘溫的屍體；一個人弄到午餐吃剩的髒馬鈴薯，另一個則發現屍體的木頭鞋比自己腳上的還要好些，立刻就換穿起來；第三個也依樣畫葫蘆，換上死者的外套，最後一個還因為能搶到（大家心想：這是真的！）繩子而興奮不已。我無動於衷地旁觀著，終於也努力爬了起來，拜託「醫護員」把屍體抬出營房（一間土寮）。好不容易等他振作起來，決定行動後，眼看他一把抓起屍體的雙腿，讓它滾下左右兩排木板床間的狹窄走道（兩旁躺著五十名發燒病患），再拖過坑坑洞洞的泥地來到營房門口。那兒有兩階向上的樓梯通往屋外。這對患有慢性飢餓、十分虛弱的我們來說是一大考驗：若不靠雙手抓著門柱把身體往上拉，已在集中營待了數月的我們早就無法單憑雙腿的力量，把自己的體重抬過這兩個二十公分高的台階，更別說這具沉重的屍體了！

他辛辛苦苦拖著自己疲憊的身軀，然後拖著死者爬上階梯走向屋外——先是屍體的腳，然後軀幹，最後是頭蓋骨帶著毛骨悚然的啪嗒聲滾下台階。緊接著，盛滿熱湯的大圓桶立刻送進營房來，大夥兒幾乎不待分配結束便狼吞虎嚥下肚了。我的床位剛好正對門，在營房的另一端，緊挨著房裡唯一靠近地面的小窗子。我把冰冷的雙手貼著熱呼呼的湯碗取暖，同時大口貪婪地啜飲熱湯，無意中往窗外瞄了一眼，方才拖出去的那具屍體正用呆滯的目光透進窗子盯著我瞧。兩小時之前，我還跟這位同伴說過話呢！我繼續咂咂有聲地喝湯。如果我當時不是因為出於職業興趣，對自己的無動於衷感到驚訝與好奇，此刻這經驗便不會存留在我的記憶當中了。整件事情就是如此冷漠、事不關己。

最難以承受的痛

麻木不仁、情緒鈍化、內在的冷感和無所謂——集中營囚犯在第二期生活中產生的精神反應——過沒多久，也開始對每次的毒打毫無知覺。這種知覺麻木的現象其實是極度必要的防護龜甲，以便適時保護犯人的心靈。在集中營可以為了最微不足道的理由（或者根本不需要理由）而遭受毒打。例如：在我工作的工地，每到「麵包分配時間」，我們一個接一個排隊等著領麵包，我後面的人一定是和我保持一隻腳掌的距離站在側面，黨衛軍衛兵也許是由於視覺對稱感的緣故，覺得十分礙眼；雖然從紀律的觀點看來，這可能無關緊要而且多餘——我們根本就是站在凹凸不平、尚未整壓的工地上，然而他偏偏就看不順眼。無論如何，我根本沒意識到後面隊伍，更遑論衛兵的心理變化，猛然間卻重重兩下打在我的頭頂上，這才發現衛兵手裡拿著一根棍棒站在我身邊。

毒打造成的肉體痛苦並不是最重要的，雖然如我們一般的成年犯人也和受責打的小孩一樣難受；但內心在此刻對不公不義或蠻橫無端所產生的憤怒才是真正的心靈上的痛。每一次的無端痛打都會造成更大的痛苦。譬如有一回我站在暴風雪中的鐵道上，他們還是不准我們停工；為了不讓自己凍壞，我拚命往軌道上「塞」碎石。就那麼區區片刻，我中斷工作稍事喘息，把身體撐在鶴嘴鋤上。很不幸地，此時守衛正好轉過身來向著我，他當然認為我在「閒著」。接下來感受到的痛苦（縱然情緒知覺已經鈍化）非我能預料到的一般斥責或毒打，而是這名守衛連一句罵人的粗話都不想浪費在我身上，在他眼中，我可能只是個落魄襤褸、還能隱約記起「人」樣的行屍走肉。他的反應是，如遊戲般輕浮地從地上撿起一塊石頭，朝我身上丟。我不得不想，人們就是這樣引起動物注意，就是這樣「提醒」他家畜的勞動責任，一隻與他毫不相干的動物，連懲罰都「不必要」。

由此看來不難理解，遭受毒打最令人心痛之處便是伴隨而來的嘲諷。有一回，我們必須扛著既長又重的枕木越過結冰的鐵道，跌倒的後果不但是自己遭殃，更會危及枕木另一端的同伴。一位同事和老友天生患有髖關節脫臼的毛病，能勉強工作已經讓他十分慶幸了，因為身殘如他，每次的「篩選淘汰」等於是百分之百的毒氣室送死。如今他正扛著一塊特別沉重的枕木，步履蹣跚地越過鐵軌。才離開堆貨場沒幾步，就見他踉蹌起來，隨時有跌倒之虞，連帶會把其他人也拖倒。這會兒我肩上還沒分配到枕木，便本能地跳過去想撐住他，幫他一起扛。不料棍子卻立刻嗖一聲打在我背上，一陣粗野的怒吼謾罵把我又召了回去。幾分鐘之前，同一個監工才以嘲諷口吻批評我們這些豬不懂得同志精神。

又有一次，我們在攝氏零下二十度的森林裡，開始挖鑿已經整個凍結的林地表土層，準備鋪一條水管。我當時的身體已十分虛弱，這會兒紅光滿面的監工來了，他的臉不由得讓人聯想到一個豬頭。無意中發現他不但手上戴著令人嫉妒的溫暖手套，身上更穿著鑲了一層毛皮襯裡的皮夾克，而我們卻得在酷寒的天候裡赤手當奴隸。他一言不發地瞧了我一會兒，我意識到不幸即將發生，因為眼前已經擺著一些挖好可供檢查的土堆。接著他開砲了：「你這隻蠢豬！我已經注意你好一陣子了！得好好來教你怎麼幹活！叫你用牙齒來掘土！我會讓你在這裡慢慢翹辮子！兩天就把你搞死！看得出來你這輩子都沒幹過粗活。以前是幹什麼的，你這隻豬？商人？呵？」

這時我一切都豁出去了，畢竟得嚴肅面對說要馬上毀掉我的威脅恐嚇。我挺起身子，目光直視著他的眼睛說：「我以前是醫生，專科醫生。」

「什麼？你是醫生？哈，專門挖別人口袋裡的錢，我相信你行！」

「監工先生，不巧我的主要工作是無償免費的，給窮人看病的急診處。」這下說得太多了，他整個人已經撲過來，把我推倒在地，發瘋似地狂吼著；我已記不清他說些什麼了。幸虧我命大，工作隊中有一位很感激我的蓋保工頭替我解圍。因為在前往工地步行數小時的途中，我以專業的諒解態度傾聽他的愛情故事和婚姻衝突，對他做性格學的診斷，並做出心理治療的建議。之後他便對我印象深刻，一直對我心存感激、愛護有加。連日來，他的感念對我意義重大，因為在這一共大約兩百八十人的工作隊裡，他總是直接在自己身邊為我保留一個前五排的位子。

這對我意義非凡。試想，一大清早天色還相當幽暗，我們就已出列，人人都害怕來得太遲而被迫站在後排。如果其他條件較差、不得人心的「勞動分隊」需要人手（這是最令人害怕的生死關鍵時刻），營房長就會出馬挑選必要的人數，而且大多是從最後幾排開始挑選。不論什麼原因讓大家害怕恐懼，這些人都得到陌生且不習慣的分隊去出任務。但也曾出現過營房長為了懲罰「投機取巧者」，專門從前五排「抓人」的情形。所有的哀求或抗議都會換來狠狠幾下腳踹，叫你閉嘴；抓來的犧牲者便被連推帶撞、咆哮地趕過集合廣場。

只要我的蓋保工頭隨便胡謅個理由，這種壞事就不會找上我。因為他身旁的榮譽席位保證是為我預留好的。不過還有一點：同所有集中營的囚犯一樣，此時的我也患有嚴重的飢餓水腫，雙腿腫脹導致皮膚過度緊繃，使得膝關節無法正常彎曲；鞋子總是敞開著，方便腳能伸進去。即使有破腳套或襪子之類的東西，也根本塞不進去；半裸的雙腳總是濕漉漉，鞋子裡總有雪泥。要不了多久，凍傷便來報到，走起路來每一步都是酷刑折磨。此外，行軍時走過堆滿霜雪的田野，破鞋上總會形成小冰山。有人一再被小冰山絆倒，然後連環跌在他人身上，部分隊伍因此停滯不前，導致整個隊伍七零八落——但時間並不長。因為立刻就有一個隨隊守衛跳出來，狠狠把槍托砸在那些同伴身上，好叫他們盡快「散開」。

你若愈走在隊伍前排，這些一再發生的行軍障礙就愈不易干擾到你的行列，也就不必經常為了這些意外而停下，到後來還得忍著要命的腳疼，使勁小跑步跟上前面的隊伍。由此說來我何其榮幸，能成為蓋保先生的委任心靈御醫，有權走在他身旁的第一排，保持一定的速度前進。姑且不論額外的心理諮商費，只要每天中午的湯送到工地來，我便知道分湯輪到我時，大湯勺就會探得深一點，自桶底撈出幾粒豌豆來。

這位蓋保從前是名軍官，甚至在這裡也敢表現出道德勇氣，把對我發怒的監工拉到一旁耳語說，他知道我是個「認真的工人」。但他的唇舌白費了，雖然如此，救命之神再度眷顧了我：隔天蓋保還是暗地設法把我安插到另一個勞動分隊去。縱使感覺已鈍化，這個從表象與相對性看來似乎無傷大雅的小插曲，仍舊在心中興起不小的憤怒波濤，這憤怒不是針對隨便一個野蠻暴行或加諸於肉體的痛楚，而是針對處處如影隨形的諷刺。當時的我面紅耳赤起來，因為要忍受一個對我生命全然陌生之人的批判，一個「這樣庸俗、殘暴之人，連醫院急診處的護士都絕不會收容他」（我必須承認：事後對周遭同事用了孩子氣的描述，讓我宣洩了不少怒氣）。

不過話說回來，也有一些監工同情我們的處境，至少也盡量減輕了我們在工地的負擔。雖然他們一再責備我們說，要是換了個普通工人，早就能在短時間完成多出數倍的工作量。但他們也能諒解我們的抗議，一個普通工人每天可不只吃三百克（理論上，事實上更少）的麵包，喝一公升的清湯水；一個普通工人也不如我們承受如此巨大的精神壓力，連同樣被抓到集中營或早進了毒氣室的親人死活都不知道；一個普通工人更不會時時刻刻、分分秒秒處於死亡的威脅恐懼中。有一次在一位好脾氣的監工面前，我甚至還調皮地說：「要是監工先生您能在幾星期內跟我學會顱腦穿刺術，像我跟您學會挖土工程一樣，那我就對您五體投地！」他聽了只是淺淺地會心一笑。

麻木不仁成為第二期的主要症狀，也是心理上一種十分必要的自我保護機制。一切的現實狀況全被掩蓋住了，所有的注意力，當然也包括整個感覺生活都集中在唯一一項任務上：努力活著——個人與彼此的生存！也難怪每當夥伴們夜晚收工被驅趕回營後，經常會發出一句嘆息：「又熬過了一天！」

不難理解，人如果處在此種精神強迫狀態與必然壓力下，就會以生存為目的，心靈於是降低到相當原始、野蠻的層次。因此某些以心理分析為導向的同仁，經常將此現象稱為集中營犯人的「退化」，將他的心靈層面退回到原始的形式。這種盼望並企圖回到原始本能中，明顯表現在犯人的典型夢魘中。

集中營犯人最常夢見什麼？不外乎麵包、蛋糕、香菸和暖烘烘的熱水浴。正由於最基本的需求無法從現實生活中滿足，自然期待能從最原始的夢想中實現。一旦大夢初醒，回到集中營的殘酷現實裡，這種被迫夾在夢幻錯覺與真實環境之間的殘忍對比，可能導致的心理影響則是另一個討論議題。無論如何，我個人是絕對忘不了躺在身旁的夥伴由於可怕的夢魘而大叫呻吟、輾轉反側，讓我在暗夜中驚醒。在此想另作聲明，我向來特別同情遭受恐懼幻覺或噩夢折磨的患者。當時的我差點就要喚醒這位受噩夢侵襲的可憐夥伴，不過就在那一瞬間，我突然被自己的意圖震懾住，把手縮了回來。我突然意識到，任何一個噩夢，即便是最可怕的夢魘，也不比此刻身處於集中營的現實生活環境還要恐怖淒厲，而我竟殘忍地想要喚醒他去面對清醒後的殘酷現實。

如影隨行的飢餓感

集中營犯人的營養不良程度是最嚴重的，因此自然會在原始本能驅使下，造成營內精神生活「退化」到僅以「覓食」為生活的最高目標。我們只要稍加觀察大多數犯人，每當他們集合在工作場上，只要監工片刻稍不留神，大家便立刻七嘴八舌開始討論起食物來！立刻有人開始探問身旁一同在壕溝裡辛苦工作的夥伴最愛吃什麼好菜，接著便開始交換食譜、安排來日的慶生菜單，期待有朝一日幸運獲釋回鄉後，好邀請對方大快朵頤。對未來栩栩如生的描繪，直到突如其來的警告才讓大夥兒閉了嘴，這警告大多是暗號，例如反覆傳遞某個特定數字表示：守衛來了！

我個人對這種持續不斷、幾乎是強迫性的美食話題（人們在營中戲稱為「胃器官手淫」）持懷疑保留態度。因為既然我們的生理機轉已經差不多適應了極少的配給量或低卡路里狀態，何必再透過衝動的畫餅充飢法去刺激它？這麼做也許可以製造心理上一時片刻的紓解，但畢竟只是幻覺，肯定會帶來生理上的危害。

尤其最近一段時間，每日的食物配給量降到只剩一次相當清淡的湯水和一小塊哄騙人的麵包；再加上所謂的額外補給，不是二十公克的人造奶油，就是一小片極差的香腸，或乳酪，或人造蜂蜜，或一小匙相當稀薄的果醬等，每日交替變換。就基本需求而言，如此的食物卡路里含量絕對不足，更遑論身體除了要負擔每日極沉重的粗工之外，僅有的單薄衣物還得抵擋天寒地凍。

「休養」中的病患，也就是允許躺在營房、不必離營出外勞動的病人更慘。一旦皮下細胞組織中僅存的最後一點剩餘脂肪消耗完畢後，整個人看起來就如同披了破布、包了一層皮的骷髏骨架，只能眼睜睜看著身體自我蠶食：組織器官啃食自己的蛋白質，肌肉組織一點一滴消逝，現在的身體連絲毫的抵抗力也沒了。營房裡的同伴一個接著一個死亡，人人均可精確計算出誰會是下一個，而且何時輪到自己。因為從不同的過往前例來觀察，藉由症狀診斷，我們即可預測出精確的死亡時間。「他撐不了多久了」，或者「下一個就是他」，我們大概就是這樣彼此竊竊私語。每晚睡前除蝨子時，大夥兒面對自己赤裸的身子，不禁悲從中來。老實說，我這個身子已經成了一具即將腐爛的屍體。只是一大群人肉中的一小部分罷了，還會是什麼呢？被囚禁在鐵絲網後面幾座土寮中的一群人肉，日復一日總會有固定一小部分開始腐爛，因為他已經了無生氣。

剛才我們提到有關食物或某些心愛美食的強迫觀念特徵，只要犯人有些許時間，或意識允許的情況下就會一再重複出現。這也可以理解成，我們當中情況最佳的人正渴望那美好一刻的來臨，能夠馬馬虎虎正常地吃一頓飯，但他的重點並不在美食，而是渴望眼前極端不人道的景況能盡快結束，正因為這種狀態迫使人除了食物以外，已無餘力思考其他。

從未在生命歷程中體驗到此等磨難的人，很難理解發生在挨餓犯人心中這種消耗精神的內在衝突與意志戰鬥。對他來說，很難想像這是一幅什麼景象：一邊站在壕溝裡不停鋤著土，一邊豎起耳朵傾聽九點半或十點的汽笛是否響了；不斷等待半小時的午休時間是否已經快到了，好去「領麵包」（只要還有麵包可以分發的話）。如果監工為人還不錯，總會忍不住一再詢問他或走過壕溝上方的人現在幾點，一邊把手伸進外套口袋裡，沒戴手套、結了層凍霜的手指先溫柔地撫摸口袋裡的小麵包，然後再撥下一小塊放進嘴裡，以便在與意志間的拉扯交戰後，再次不聽理智使喚把手伸進口袋裡——早上才對自己發誓要忍耐到中午的。

對於某些原則的情緒與理智辯論沒完沒了，例如最近每日一次配給的一小片麵包就能令我們傷透腦筋，進食的方式還分成兩大派。一派認為，凡是到手的食物應該立刻全部吃光；這有兩個優點，至少一天當中，嚴重至極的饑餓感可以享受片刻麻醉，此外還能避免食物遭竊或其他意外損失。另一派則抱持相反觀點，而我個人最後也投向另一派。理由很簡單：一天二十四小時集中營生活中最難熬的時刻莫過於清晨起床之時。還在夜半黎明的摸黑時分，三聲尖銳刺耳的命令「起床！」哨音便狠狠把我們從精疲力竭與充滿期盼渴慕的睡夢中硬拖起來。如果要跟冰冷潮濕的鞋子奮鬥，過度飢餓導致水腫又滿是傷痕的腳幾乎塞不進去；如果清醒後馬上便開始對生活中每個困難意外長吁短嘆或咒罵，譬如代替鞋帶的鐵絲斷掉等等；如果聽到平時原本相當勇敢的夥伴竟像個孩子般嚎啕大哭起來，因為最後他只能把縮水變緊而穿不下的鞋子拿在手上，赤著腳走去冰雪遍地的集合廣場；在這悽慘陰霾的時刻裡，至少有個小小的安慰等著我：從口袋裡掏出一小塊昨晚保存下來的麵包，並且全然忘我地陶醉其中——咀嚼下肚。

性事

在第二期的生活心理適應上，由於營養不良導致原始本能完全主宰了集中營犯人，追求食物成為意識中的第一要務，因此營養不良可能也主要解釋了一項事實：大家基本上不談性慾。姑且不論初期驚嚇作用的影響，對此現象我們只能這樣解釋，心理醫生可以在這有大批男性駐紮之處發現一點：與其他軍事大批群居地（例如軍營及其他類似機構）相反，這裡沒有所謂「骯髒下流之事」，就連犯人的夢裡也幾乎不曾出現過與性相關的內容。不過，在心理分析意義下所謂「受壓抑的追求目標」，亦即犯人心中對愛的渴望或其他情緒衝動，倒是經常出現在夢中。

絕不感情用事

絕大多數的一般囚犯都受原始本能的影響，認為「必須」把注意力集中在首要任務上，亦即最基本的求生本能，導致所有無關乎生存的事物價值都完全喪失。這亦可解釋為何犯人做價值判斷時總是實事求是，絕不感情用事或多愁善感。對這種價值觀還屬於新鮮人的我，在從奧許維茲轉送到巴伐利亞一座達浩[6]分營的路上才強烈意識到它的影響力。

這列載送我們（大約兩千名囚犯）的火車途中經過維也納。午夜之後，我們越過維也納某個車站，後來的路線帶領我們沿著一條街道駛過，而我就是在這條街其中一幢屋子裡誕生，並度過我生命中數十個年頭，直到被遣送的那一天為止。

我們擠在一節容納了五十名犯人的小車廂，旁邊有兩扇釘了欄杆的小鐵窗。我們當中只有少數人可以蹲在地上，其餘都得強迫站上好幾小時，因此大家紛紛設法擠向窗邊，我也是其中之一。在萬頭鑽動的縫隙之間，我踮起腳尖透過欄杆望向窗外，故鄉城市的面貌竟給我有如幽靈般極度陰森恐怖的感覺。人人都覺得自己已如行屍走肉。有人猜測這趟運輸的目的地是毛特豪森[7]，因此我們估計自己大概平均活不過一到兩星期了。眼前這條充滿我童年和故鄉回憶的街道、廣場、房屋……這感覺再清楚不過，彷彿我是個已死去的人，猶如來自陰間的死人、一縷幽魂，低頭俯視這幽靈般的城市。

經過數小時漫長的等待，火車終於緩緩駛離車站。現在來到這條街，我的街道！這時我不禁開始乞求；前面這些年紀輕輕便熬過多年集中營磨難的小伙子，個個眼神專注地看向窗外，這樣的旅程能讓他們留下不少深刻的印象與體驗。現在我正乞求他們讓我往前挪一挪，只要看個片刻即可。我試著向他們解釋，此刻讓我向窗外望一眼的意義有多重大。然而他們卻帶著些許粗魯、憤怒、譏諷與鄙視，拒絕了我的乞求，還對我撂下一句話：「你在那裡住了這麼多年嗎？喏，那你也應該看夠了！」

6 達浩（Dachau）集中營位於慕尼黑附近，為德國本土境內一座惡名昭彰的集中營，至戰爭結束為止，共有超過四萬三千人死於該營。

7 毛特豪森（Mauthausen）位於奧地利大城林茲（Linz）附近，該地有一座著名的納粹集中營。

政治與宗教

長年囚禁的集中營犯人不感情用事的態度，貶抑了所有無助於維持生命這類原始利益的事物價值，正是一種感覺的表現形式。其他一切事物對於犯人來說都是明顯的奢侈品，這個觀念也導致所有人文精神的問題都束之高閣，也取消所有較高層次的興趣，集中營內普遍籠罩著所謂「文化冬眠」的氣氛。倘若或多或少依照這個規律來看，唯獨兩項是例外：第一是政治興趣——相當符合邏輯，而另一項令人感到意外——則是宗教。政治化的現象在集中營內處處可見，而且幾乎從不間斷，所談的主題不外乎是貪婪地接收與轉達傳開來的謠言，諸如軍事發展情況之類的事。由於大部分傳言彼此矛盾，矛盾的謠言又迅速彼此不攻自破，最後只不過徒增犯人心靈上的精神耗損罷了。因為大多數人都想聽到樂觀的傳言，期盼戰爭早日結束的希望急速萌芽，卻一而再、再而三地破滅，造成犯人情緒徹底跌入失望的深淵，尤其我們當中的天生樂觀派經常把大家惹得心煩意躁。

一旦犯人萌生宗教的興趣，虔誠至極可想而知。新進的集中營犯人往往因宗教意識的活力與深度大感震撼與驚訝，最令人印象深刻的莫過於臨時安排的祈禱或禮拜儀式了，無論是在營房冷僻角落，或當我們從偏遠工地收工、返回集中營的路上，雖然個個披著溼透的破衫，拖著飢寒交迫的疲憊身子，擠在一節載運畜牲的陰暗車廂裡也不以為意。

眾所皆知，一九四四年冬、四五年初，幾乎所有集中營囚犯均罹患了斑疹傷寒，姑且不論患者本身因為操勞到最後一刻而體力衰竭，加上極度缺乏藥物治療且毫無適當護理安置而造成極高的死亡率，這項疾病更帶來一些副作用：咬下每口食物前會產生幾乎無法克制的噁心感（使生存危機雪上加霜），還有可怕的發燒昏迷幻覺狀態！為避免陷入神志昏迷，我也和其他人採取同樣的方法：盡量在夜裡保持清醒。譬如數小時不斷在腦中自言自語，最後我開始在小紙條上塗鴉一些速記關鍵字，試圖重新構築當初在奧許維茲消毒室前被迫丟棄的手稿。然而經由他人輾轉陳述得知，有一位同伴必須面對最困難的昏迷幻覺，他因為斑疹傷寒病情嚴重，有感死期將近，於是開始祈禱，但在發燒產生幻覺的狀態下卻突然辭窮，想不出該說什麼。

招魂降神大會

即使在集中營裡，偶爾也會喜歡來場學術辯論會。是的，有一回我甚至見識到在過去正常生活中從未有的經歷，雖然從某個角度看來，這場辯論與我的專業所學還算接近：一場招魂降神大會。營區主治醫師已猜到我是個心理學專業人士，因此邀請我去參加在狹窄棚屋內舉行的最高機密活動，這是他在病患區的一個簡陋住處。那裡已經聚集了一小群人，甚至營內的醫護士官也冒著觸法的危險來了。由一位外國同伴開場，以一種類似祈禱的方式來招鬼神。營區記錄員坐在一張白紙前面，手裡拿著一枝鉛筆，不應有任何刻意寫字的企圖。接下來的十分鐘裡，鉛筆十分緩慢地在白紙上畫了幾道線條，明顯看得出來是「vae v」幾個字母，之後這場會議就因所謂鬼神或靈媒失靈而中斷。有人宣稱，那位記錄員從未學過拉丁文，而且也從未聽過「vae victis」——意即：「啊，悲哀的失敗者！」這句話[8]！如果有人問我，我會說：他的潛意識裡可能已經在某個時候聽過這句話，而且知道譯文的意思了，而「靈魂」（他潛意識裡的靈魂）在我們當時正值獲釋前或戰爭結束前數月的處境下，特別容易想到這句話。

向內逃避

囚禁在集中營的人不僅外在生活，甚至連內在生活也回復到原始野蠻的狀態。縱使一切都退化到野蠻低俗的層次，我們仍可發現犯人某些明顯精神內化的趨勢徵兆，即便只是點到為止的零星現象。生性敏感之人，特別是自小因為家庭環境使然，向來過慣了知性的精神生活，可能會由於性情溫和而對極端困難的外在環境感到痛苦萬分，但他們精神上受到的傷害卻相對來說不大嚴重。正因為他們可以選擇從恐怖的外在世界中退縮，回到一個純精神的自由國度中。也唯有如此，我們才能解釋為什麼有時候外型看似柔弱之人，反而比健碩粗獷者更能忍受集中營生活的煎熬。

為了稍稍釐清這樣的經歷，我必須再次被迫提及個人私事。究竟我們清晨時分行軍出營、前往「工地」時的景象是如何呢？一聲令下：「勞動分隊韋恩古特，齊步——走！左—二—三—四—左—二—三—四—左—二—三，再來—左—二—三—四！前列者側轉！向左轉—再左轉—再左轉—脫帽！」回憶便是如此在我耳際不斷響起。當「脫帽！」的命令聲響起，我們正好通過營區大門，探照燈也總是對著我們。誰要是不精神抖擻地在五人列隊中齊步邁進，就準備挨軍靴鞋跟的狠踢。那些因為受不了酷寒、膽敢在獲得指揮准許之前就把帽子遮住耳朵的人尤其倒楣。

在幽暗天色裡，我們一路跌跌撞撞跨過佈滿通往集中營道路上的大石頭，越過數尺長的水窪。隨隊衛兵不斷斥責怒罵，用手中的槍托驅趕我們前進，雙腳傷勢嚴重的人只能靠著身旁傷勢較輕的夥伴支撐而行。我們之間幾乎沒有交談，日出前刺骨的寒風警告我們最好別浪費能量。走在隔壁的夥伴把嘴藏在翻起的外套領子後頭，突然嘟噥說：「嘿，你——如果我們的老婆見到我們現在這副模樣！希望她們在別的營裡能好過一些，希望她們不會料到我們的慘狀。」這時，妻子的倩影突然在我的腦海中浮現！

如果已經一無所有

我們在雪地裡顛簸跋涉了數公里，在結了冰的路上滑倒摔跤，不斷相互攙扶，彼此又

8 意指納粹德國將被征服。

拖又拉地前進，什麼話也說不出來，但此刻大家都明白：每個人的心中只想著妻子。我偶爾會抬頭仰望繁星漸隱的天空，或大片灰雲牆後一抹晨光染紅的天際，然而此刻我腦中活躍的想像力全縈繞著妻子；我正和我的妻子談話，傾聽她的回答，看見她的微笑，看見她有所求的鼓勵眼神。無論是夢是真，她的目光竟比初昇的旭日還要明亮。一個念頭突然閃過腦海：我生命中第一次體會到的真諦，也就是許多思想家所強調的畢生終極智慧、許多詩人不斷歌頌的事物；愛才是最終和至高無上的真諦，使得人類的存在能為它振作起來。現在我終於領悟到人類詠歎、思考與信仰的最終極意義：經由愛，並在愛裡獲得解放！

我終於明白，即使一個人在這世界上已經一無所有，只要在心中惦念著所愛之人，便能感受到無盡的幸福與喜悅——即便只是短短一瞬間。在憂鬱至極的絕境下，人無法透過成就來實現自我；他唯一的成就正是要禁得起極度苦難的考驗。在此逆境中，他依舊能夠藉著注視所愛的人，藉著凝視冥想存在心靈中的摯愛者影像來實現自我。這是我生命中第一次有能力體驗何謂「天使傾視那無限的壯麗榮景，沉醉而忘我……」。

突然前面一位同伴滑倒了，導致跟在隊伍後面的人也摔成一團。衛兵立刻上前朝他們身上一陣猛打，我腦海中的幻覺影像也因而中斷了幾秒。但不多久，我的心靈又活躍了起來，將我從現世的囚犯生命拯救到來世的世界，重新和所愛的生命對話：我問，她答；她問，我答。

「立定！」我們已經抵達工地。「各人自行領取工具，每人各一把尖鋤和鏟子！」大家紛紛擠進漆黑的茅屋，只為了搶到一把還堪使用的小鏟子或鶴嘴鋤。「你們這些豬狗不如的東西，還不快點？」這會兒我們已經進入壕溝，各人站定昨天的位置。整片冰凍的土地在鋤尖敲打下四分五裂、火花迸射。我們的腦袋還沒融化開來，大家都沉默不語，而我的靈魂還攀附在愛妻的心靈影像上，與它對話，它也回我的話。不過剎時間我卻意識到：我根本不知道妻子現在是死是活！我只知道，我學到所謂的愛並非針對一個人的肉體存在，而是針對摯愛者的精神本質，他的「存有現狀」（正如哲學上的概念），他的「存在」，他「在我身邊」；是的，他的肉體是否存在、是否還「活著」，似乎已經不是討論的重點。

愛妻是否仍在人間，我不知道，也無從知道（整個集中營的囚禁生活期間，既無書信也無任何通郵）；但此時此刻，這些可以說已經無關緊要了。摯愛的親人是否還活著——從某個角度而言，我現在已經不需要知道，因為已經沒有任何事物會影響我的愛，以及對這份愛的思念，和心中影像那充滿愛的凝視。如果我當時便知妻子已經去世，相信自己也不會受到這事實干擾，內心同樣可以忘我地沉浸在愛的凝視中，精神對話也會同樣強烈、充實。至今我才明白這節經文的真諦：「求你將我放在你心上如印記……因為愛情如死之堅強……」（雅歌第八章第六節）。

壕溝中的冥思

如果集中營囚犯傾向沉溺於內在心靈，就能擺脫當下的空虛與荒蕪，及貧乏的精神內涵。倘若任由幻想天馬行空，他會把全副精力都放在已經消逝的經歷上，但並非那些重大經歷——日常生活中最平凡、最微不足道的旁枝末節，或者過去生命中的事件才是經常縈繞思維打轉的主軸。在滿是憂鬱的回憶中，這些瑣事往往會染上一層瑰麗色彩，以逃避周遭環境與現在，回到過去，內在生命因而獲得一個特殊面貌，同時擺脫當今世界與外在生活。人的精神會極度渴望追溯既往，譬如搭乘電車、回到溫暖的家、打開自家的門、電話鈴聲突然響起、拿起話筒、打開屋子裡的電燈——在過往的記憶中，囚犯會一再回想起這類小細節，而這些憂鬱的回憶會觸動他敏感的心弦而潸然淚下！

如果囚犯繼續深入心靈的體驗，就能感受到藝術或自然事物，體驗的強度能夠讓他完全忘卻外在世界與極度惡劣的困境。就在運囚車從奧許維茲前往巴伐利亞一座集中營的路上，當我們透過鐵窗向外望見薩爾斯堡山巒之際，頂峰正閃耀在暮色橙紅中，倘若有人見到我們此時的臉龐，那樣欣喜若狂、容光煥發，誰也不會相信這些臉龐竟是來自一群已經沒了未來的人；雖然如此——或者正因如此？由於經年累月不見大自然的柔美，不難為此絢麗的景致動容。

或在集中營裡，或在勞動中，總有一、兩位辛苦的夥伴偶爾會抬頭為某個壯麗景象出神，這些美麗的景致不外乎在巴伐利亞的森林中（納粹的偽裝策略，森林中藏有一座巨大的地下武器工廠），也許夕陽的霞光正好鑽過高聳入雲的蒼天大樹間，優美一如杜勒[9]的著名水彩畫。或是一天傍晚，當我們從工地累得半死回到營區，手裡端著湯碗，早就四肢一攤，躺在營房地板上；突然一位同伴衝進屋來，只為了要我們立刻趕到集合廣場去——明知我們精疲力竭，明知外頭天寒地凍——只為了不想我們錯過黃昏夕陽的美景。

於是，我們走到外頭，仰望西邊黝黑火紅的雲朵；變幻莫測、多采多姿的雲朵將整個天際襯托得生氣勃勃，不但形狀充滿豐富的想像力，色彩也如天堂一般，從亮麗的寶藍到如血的火紅；與天空下方營區裡荒涼灰暗的土寮與泥濘不堪的集合廣場成了再強烈不過的對比，泥地上的水窪還倒映著火紅的天空。幾分鐘的沉默之後，才有人感嘆著說：「這世界竟然可以如此美麗！」

黎明拂曉中的獨白

或者，你正在壕溝中辛苦操勞，四周環繞著你的是一片黎明的灰暗，你頭上的天空是灰的，破曉黑暗中的雪是灰的，披在同伴身上的襤褸衣衫也是灰的，他們的臉更是灰的。

9 德國畫家杜勒（Albrecht Dürer, 1471-1528）出生於紐倫堡金匠家庭，為北方文藝復興宗師，精於繪畫與版畫藝術。

於是不由得又開始和心中的愛妻做雙人對話，或者往天上寄出第一千次的抱怨與疑問。為了一個答案做第一千次搏鬥，想知道你所受的苦難、你的犧牲、你緩緩邁向死亡的意義究竟在哪裡。最後一次奮起抗拒你面臨死亡的黯淡絕望，你的精神亟欲突破四周灰色的重圍，在這最後一次的奮起振作中感覺到，你的精神是如何穿過黯淡絕望與毫無意義的世界，而對你最後想知道有關最終意義的問題，不知何處傳來了一聲充滿勝利的歡呼回答：「Yes！」。就在此時，遠方農舍的窗扇中點亮了一盞燈，如同掛在天際的舞台布景，就在巴伐利亞某個拂曉清晨的黯淡灰色之中——「et lux in tenebris lucet」，光照在黑暗裡[10]……

這會兒你已經在冰凍的土地上鋤了好幾個小時，正巧衛兵也走過你身邊，想譏笑你取樂一番，不如再度和愛妻對話吧。突然間，你可以強烈感覺到她的存在，你可以感受到：她就在這裡，甚至相信只要伸出手臂便能觸碰到她、抓住她的手。這感覺強烈撲襲而來：她—就—在—這裡！這裡—就在此刻——這是什麼？一隻鳥無聲無息飛過來，不偏不倚棲息在你面前，停在你剛從壕溝裡挖掘出來的土塊上，目不轉睛、動也不動地盯著你瞧。

集中營裡的藝術

我們剛才提到藝術。集中營裡也會有藝術嗎？這端視個人對藝術的定義。無論如何，營內至少偶爾會有即興的說唱表演活動。為此還特地騰出一間營房來，幾張長凳子不是大夥兒自行炮製，就是合力抬來的，就連「節目表」也經過細心安排。到了晚上，運氣較好的囚犯會來捧場，例如蓋保工頭或不需要隨勞動分隊出外勤的營內工人，來的目的無非是想笑或哭，宣洩一下情緒，無論如何一定會暫時失憶。

幾首歌曲、幾個故事、幾分樂趣，甚至還包括諷刺集中營生活的笑料，所有節目都是要幫助大家忘卻現實的痛苦。而這的確有幫助！甚至對某些非大牌的一般集中營犯人都大有幫助，使得他們縱然身心疲憊不堪，明知可能錯過分湯時間，仍然勉強來觀賞表演。

誰要是天生有一副好嗓子，可會令人稱羨不已。例如我們剛進集中營不久時，工地在半小時的午休時間當中發放湯食（由於這筆費用是由建築公司支付，因此成本不高），我們還能在午休時間聚集在未完成的機器廠房內，每人進門便得到一大杓滿滿的湯水。就在我們咂咂地狼吞虎嚥時，一位同伴興致一來爬上一個大木桶，為我們唱起一段義大利詠嘆調。如果說我們享受到樂音之美，保證他也少不了雙份的湯，而且是「從桶底撈起」，也就是說：甚至還有豌豆呢。

不過在營內並非只有藝術表演才能獲得酬勞，連掌聲也有。至少如果我願意（幸好沒這個必要），大可獲得營裡那個恐怕人人都會聞風喪膽的蓋保保護。而聞風喪膽的原因肯定不只一個，畢竟「殺人魔蓋保」絕非浪得虛名。某天晚上，一個無法置信的「榮幸」降臨，

10 此句拉丁文出自《聖經．約翰福音》第一章第五節，全文如下：「光照在黑暗裡，黑暗卻不接受光。」

我被邀請去曾經舉辦過招魂降神大會的軍營，營區主治醫師（本身也是囚犯）又在那裡舉行一場私人秘密閒談會，營內的醫護士官再度冒著犯法的危險出席了。當那位殺人魔蓋保無意中踏進營房後，有人慫恿他發表一首個人詩作，因為他的藝術美名早已傳遍全營。不待大夥兒二度請求，他已欣然取來一個類似日記本之物，並從中朗誦一首他的藝術傑作。

在聆賞他的情詩創作之際，我為了強忍不使自己失態爆笑而咬破雙唇，卻可能是救了自己一條命的代價；同時，我更不吝嗇給予喝采的掌聲，此舉甚至也極可能是救命仙丹，萬一我不幸被分派到他的勞動分隊去——這等倒楣事之前只發生過一次，但對我而言，這唯一的一天已經綽綽有餘。為了預防萬一起見，讓殺人魔蓋保對我留下正面的印象總錯不了。雖然他的愛情大作當中摻雜了那麼丁點可笑成分，例如「愛戀」對「慾焰」，或「心痛」對「苦情」等這類押韻、對仗不斷，我仍竭盡所能地鼓掌到底。

大體而言，營內每個所謂的藝術活動都充滿了荒誕不經。是的，我可以說，在黯淡絕望的集中營生活下，所有與藝術沾上點邊的體驗，都強烈反應出一股陰森恐怖的對比效果。我永遠也無法忘懷在奧許維茲的第二夜，自己是如何由沉沉睡夢中被音樂驚醒：老營房長正在他土寮入口旁的小房間內舉行慶祝會，酩酊大醉的嗓音怪腔怪調地唱著流行曲調。接著一陣突如其來的死寂，然後是小提琴幽幽奏著一首哀怨欲絕的探戈曲——罕聞卻百聽不厭。小提琴在泣訴，我的心也一同泣訴。因為這天是某個人二十四歲的生日，這個人卻置身在奧許維茲某個營房裡，也就是距離我只有幾百或幾千公尺遠，卻那樣遙不可及；這個人是我的妻子。

集中營裡的幽默

集中營裡竟然也有些大自然或藝術的體驗，這對外人而言已經驚訝至極，如果現在我說那裡也有幽默，恐怕這說法更加令人不可置信。的確，雖然只有點到為止，而且頂多只會持續幾秒鐘或幾分鐘。因為幽默也是心靈用來抵抗外界、自我保護的一項武器。眾所皆知，在人類的生存本能中，幾乎沒有其他任何一項反應可以如幽默一般，適合用來與外界保持距離、因應外在的情勢。不過如前所述，即便只是短短數秒鐘。

我有一位好友兼同事，一同在工地並肩努力了數星期，我著實對他做了一番增加幽默感的訓練。有一回我提議，約定每日至少為對方編述一個有趣的笑話，而且故事時空定在有朝一日當我們獲釋還鄉之後。他是外科醫師，曾在醫院的外科部門擔任助理。因此有一回，我便描繪他將來還鄉以後，即使重回舊日的工作崗位，卻怎麼也改不過來在集中營裡養成的生活習慣，逗得他發笑。

此處必須先說明，在工地，特別當施工負責人因為視察進度而逐漸接近我們時，監工便會適時努力加快我們工作的速度，方法一如往常：一聲高喊：「快點，動作快點！」催促工人加緊腳步。因此我便對同事講述：有一天你又站在手術室裡，準備一場耗時的胃部手術。此時手術室服務員突然衝進門來，高聲呼喊：「快點，動作快點！」同時宣布院主任醫師——也就是老闆——來了。

同事經常也會編撰這類滑稽的未來夢魘自我調侃，例如幻想將來在某個晚餐聚會場合，當主人為客人盛湯時會猛然忘記身處何處，而習慣向女主人（如同工地午餐時向蓋保工頭）乞討「從桶底撈」，多放點豌豆或甚至半顆馬鈴薯在湯水裡。

如果說有心維持幽默，嘗試從有趣的角度來看待事物是一種竅門，那麼這就是一種生活藝術竅門，即便是置身在煉獄般的集中營裡。這種生活藝術人生觀的形成，正是因為營內生活處處充滿了強烈對比，而這種對比效果的大前提便是各種苦難承受的相對性。倘若以一個譬喻來解釋，人們所承受的苦難就如同氣體形式的聚集狀態：在一個空間內充入定量氣體，無論空間多大，各個角落的氣體量都是均勻的，而苦難不論大或小，絕對充滿了人的整個心靈和意識。這樣的現象也使人受苦的「份量」產生相對性，由此再推衍出一個道理，即便只是微不足道的小事都能製造莫大的喜悅。

舉例而言，當我們從奧許維茲被送到巴伐利亞的達浩某分營時，車上人們一致自忖或恐懼這趟運輸之行的目的地會是毛特豪森，那代表死期不遠了。當火車逐漸接近多瑙河橋時，大家的神經愈發緊繃，因為根據車上集中營經驗豐富的同行夥伴描述，一旦火車離開主線，彎進叉路，要前往毛特豪森就必須通過這座橋。對於從未親身感受過此類經驗的人來說，絲毫不能體會囚犯當時在火車上高興得手舞足蹈的感覺，因為大夥兒發現這趟運輸「只不過」是前往達浩罷了。

然而，在兩天三夜的長途跋涉後，我們抵達達浩分營的景象又是如何？如前面所提，並非人人都能「好命」蹲在狹窄的囚犯車廂內，大多數人都得枯站著熬過這段長途旅程，只有少數幸運者能輪流湊合寥寥幾根被人尿浸濕的麥桿蹲伏著。此番歷經折磨，抵達後難免疲勞萬分。然而，來自該營老資格囚犯的第一項重要情報卻是，在這座較小的集中營（最高容納人數為兩千五百人）內並沒有「烤箱」，換言之，那裡沒有焚化爐，自然也就沒有毒氣室。這代表誰要是成了病奄奄的「穆斯林」，也無法直接送到毒氣室，而要先等候醫護運送車組織，安排前往奧許維茲。因此，至少這方面的潛在死亡威脅不再那樣立即與直接。

最令我們驚喜的是，命運之神竟然應允奧許維茲營房長賜給我們臨行前的祝福——他建議我們盡快去一個沒有「火爐」的集中營（如奧許維茲的焚化爐），如此驚喜令我們不禁雀躍萬分。是的，這樣的喜悅讓我們彼此開心逗樂，即使接下來必須面對艱難的時刻：經過重複清點人數後，我們這批新到的囚犯仍然少了一名。我們被迫在冰雨冷風中的集合廣場上罰站，直到尋獲此人為止。最後發現他躺在一間營房內，因精疲力竭而沉睡不起。這次延宕無盡的清點集合也因此成了集體懲罰：一整夜，直到翌日上午，我們被迫在漫長舟車勞頓之後，渾身溼透、凍得唇青臉白地站在集合廣場上。雖然如此，大家仍舊因喜悅而激動不已！正因為營區內沒有「火爐」，而奧許維茲是如此遙遠。

囚犯間的妒火

有次我們在工地見到一群路過的監禁罪犯，各種悲痛滿懷的情景對我們的打擊是多麼大！我們是多麼嫉妒這群監禁罪犯能有比較規律、穩定、健康的生活呀！他們肯定有固定洗澡的機會，我們這麼自艾自憐地猜想；他們肯定有自己的牙刷、衣刷，還有自己的木板床——各人有自己的一張床——還有每月的郵件，可以知道親人的下落，是呀，至少知道他們還安然無恙。然而，這些最基本的東西我們早已失去了。

不只是嫉妒別人，就連自己人也會嫉妒，例如那些有大好機會進入工廠、在一間能避風避雨的屋內工作的同伴！人人都巴不得自己也能抓到這令人欣羨的救命機會啊！

不僅如此，幸運等級還可繼續向下延伸。即便我們這些被發配到外勤勞動分隊去工作的夥伴間，也存在著嫉妒。例如被分到較差分隊的倒楣鬼自然會嫉妒其他人，就因為這些人的運氣沒壞到透頂，不必日日在深深的黏土爛泥地中跋涉，在陡峭山坡的窄軌鐵道旁卸貨足足十二小時；也因為這個最差的勞動分隊每天都有致命的意外發生。至於其他條件也差的勞動分隊則有嚴厲監工的毆打，不過對某些人來說，這已經算是比較幸運了，只要不是一再被分配到那裡去的話。

某天，經過一連串偶然，我不幸被分配到這樣的勞動分隊去。事後回想，如果不是由於工作兩小時後空襲警報突然響起，被迫暫停監工「特別委派」給我的工作，而且事後如果不是有必要重新整隊的話，我當時大概會被人用雪橇給抬回集中營去了。而這些雪橇正是專門用來運送瀕臨過勞死或已經死亡的同伴。無論如何，在那樣危急的處境下，警報聲響起代表著及時的救命援手！那景況連拳擊手都無法想像，縱使他已體會過當回合終了的鈴聲適時響起，在千鈞一髮之際化解了他被擊昏的危機時刻。

幸運之神偶然的眷顧

即便逃過的只是微不足道的驚嚇，我們都會由衷感謝命運之神。而且要是每晚睡前能有時間除蝨子，我們便心滿意足了。當然，脫光衣服除蝨並非享受，因為營房內大都沒有暖爐，屋內天花板上經常懸掛著一條條冰柱；如果此時空襲警報未響，不被突如其來的熄燈驚嚇，打斷了除蝨工程，大家還是挺高興的，因為光是部分除蝨就得耗上大半夜的時間。

誠然，若以叔本華的負面意義來看，這些集中營生活中可憐兮兮的渺小「喜悅」都展現出一種幸運，也就是從痛苦中解放，但正如我們方才提到的，這類喜悅最多只是相對的。真正的喜悅極少出現，即便是十分渺小的喜悅。對此我還記憶猶新，有一回心血來潮，將所謂的喜悅與樂趣做了一次總結算與回顧，結果竟然發現，過去好幾星期來只體驗到兩個真正喜悅的片刻。一次是從工地回到營區，經過大排長龍的苦等之後，我終於允許進入食堂營房，有幸分配到前往囚犯廚師F的隊伍去。他站在一個大鍋爐旁，分盛湯水在大家的碗裡，一個個行色匆匆的工作夥伴迫不急待地把湯碗遞給他，而他是所有廚師中，唯一幫人盛湯時絕不抬頭看遞碗給他的人是何方神聖，唯一徹頭徹尾「不看僧面」、公平分湯的廚師，絕不偏袒個人好友或同胞，諸如從鍋底撈起一些馬鈴薯之類東西，好讓其他不相干的人喝「上面」的清湯水。但我述說的目的並非要譴責那些眼中只有個人朋黨的囚犯，畢竟誰會忍心苛責這些人，率先向他們丟擲第一顆石頭？他們只不過是在遲早會面臨的生死存亡關頭下設法保護朋友罷了。在我們捫心自問之前，任何人都沒有權利在此撿起石頭：假設自己處在同樣境地，難道不會和他們一樣袒護自己人？

在我重新恢復正常生活秩序多年後，也就是自集中營獲釋多年後，在友人提供的畫報上偶見一張攝有集中營囚犯的複製相片。囚犯全擠在箱床上，個個呆若木雞地望著攝影者瞧。

「你不會感到顫慄嗎？這些可怕的面貌，這一切……？」

「怎麼會？」我反問，而且真的不能理解友人的反應，因為此刻在我心中出現一幅回憶畫面。清晨五點，四周仍是一片漆黑的夜，我躺在一座土寮的硬木板上，裡頭大約擠了七十位「休養中」的夥伴，換言之，我們是請了病假的犯人，不必行軍出營勞動，連集合出列都不必。我們可以整天待在狹窄的營房裡閒晃、打盹，等待每天一次發放給「休養病人」的麵包（份量當然更少）以及特別稀釋、小碗的湯水。然而我們是多麼滿足啊！是的，多麼幸福，縱使艱苦如煉獄！我們緊挨著彼此的身體，避免不必要的體溫流失。我們懶散無精打采，除非必要絕不移動肢體，此時外面的集合廣場突然傳來尖聲刺耳的哨音與命令呼喊，是外面剛從夜班勞動結束、返回營區的行軍隊伍傳來的。這時房門突然被撞開，暴風雪呼嘯颳進營房內部，一個渾身是雪的人影、精疲力竭的同伴蹣跚晃了進來，只為了癱在木板上喘息幾分鐘。不料營房長卻把他扔了出去，因為集合點名時絕對嚴禁外人進入休養區！當時的我，心中對這位同伴寄予無限同情！同時卻也多麼慶幸自己不是他，而在「休養中」，有權繼續打盹。因為，能在病患急診處得到兩天的休息和兩天的體力補充，是多要緊的救命關鍵啊！

到斑疹傷寒營房支援

事實上，幸運之神給我的眷顧不只如此。四天後原本我應被分配到夜班勞動（這代表準死無疑），營區主治醫師突然衝進營房，要求我自願加入醫療團隊，到斑疹傷寒營房報到支援。我違背好友的殷切奉勸，也幾乎違背所有其他未受徵召同事審慎評估的態度，毅然決定立刻去報到。因為我明白，勞動分隊的工作要不了多久便會毀了自己，如果免不了一死，不如死得有意義。對我而言，能夠以醫生身分多少幫助患病的夥伴，絕對比極度無創造性的挖土工作、辛苦操勞到最後慘死還來得有價值。這考量對我來說再簡單不過，而且根本稱不上什麼英雄式的犧牲。另一方面，醫護士官已暗暗下令兩位自願進入斑疹傷寒營房的醫師可以繼續休養，直到進入傷寒營房為止。難道當時我們看來真是一副「死樣子」嗎？讓他覺得我們如不繼續休養，屆時不但會少了幾位能幫忙的醫師，反而還多出幾具製造麻煩的屍體來。

當別人把那張集中營照片放在我面前，這些記憶中的景象又如魔術般歷歷在目。於是我開始解釋，直到友人全然了解，為什麼我絲毫不認為照片中呈現的畫面會令人恐怖。是的，我完全可以想像，照片中的人根本不覺得自己有多悲慘。

本書開始曾提到嚴重的價值喪失問題（除了少數幾個例外），亦即犧牲所有與維持個人及密友生命沒有直接關聯的事物。然而這種價值喪失也會衝擊到個人，也就是他的自我人格，被捲入精神的漩渦中，所有的價值似乎都隨著漩渦而墜落到充滿疑問的深淵裡。集中營的環境不但摒棄了人類生命價值、蔑視人格尊嚴，且將人全部塑造成滅絕政策下的無意志客體，而在達到滅絕政策的最終目標之前，還訂定了人體最後剩餘勞動力的利用政策——在此環境的強烈左右下，終究也必然導致囚犯喪失自我人格價值。

只要集中營囚犯不憑藉堅韌的自我價值感做最後的奮起抵抗，便會完全失去做為主體的機會，更遑論維持一個具有內在自由與個人價值的精神本質了。他只能感受到自己是一個大群體中最渺小的部分，他的存在降低到群聚動物的層次。沒有真正的思考與意志，一會兒被趕去這裡，一會兒被趕去那裡，無論共同或分開，正如羊群般。你的前後左右總有一小群充滿虐待狂的武裝狡猾獵犬在伺機而動，時時怒吼咆哮，以槍托或靴跟對你拳打腳踢，驅趕你前進或後退。我們就如同羊群般，只想著、只知道、只祈求能避開獵犬的攻擊，稍稍喘息，安靜地吃一頓草；正如同羊群般，驚恐地猛往羊群中央擠，我們之中每一個都是這樣拚命往五人行列的中央擠，最好能來到整個隊伍的中央位置，唯有如此才最能避免來自隊伍前後左右衛兵的毆打。除此之外，這個中央位置還有個不容小覷的避風港優點。

那就是，如果集中營囚犯不斷嘗試「完全融於」群體中，這不僅代表意志的影響，同時也是嘗試多方面自我拯救：五人「完全融於」一體、「完全融於」五人行列，這些都是囚犯立刻就會做的不自主行為。然而在他的意識中卻不斷設法追求「在群體中」消失，為的就是遵守集中營內一條自保的最高戒律：千萬避免引人耳目、千萬避免因為一個異常行為而成為黨衛軍的注意焦點！

渴望寂寞

不可諱言，集中營囚犯偶爾也需要找機會脫離群體。不難理解，患難夥伴時時刻刻相處，而且無論任何瑣碎的日常工作，總是不間斷地長時間聚在一起，這種強迫性聚集往往會令人產生一股無可抗拒的迫切需要，盼望至少能夠暫時逃避一切。這是種深沉的渴望，渴望與自我獨處、渴望與自我的思緒獨處、渴望被些許寂寞包圍。

我被送到巴伐利亞集中營之後，突然爆發嚴重的斑疹傷寒流行，我也終於可以在休養集中營裡以醫生的身分工作，至少偶爾也有短短幾分鐘，能夠幸運地退回到期盼已久的孤寂中。這座斑疹傷寒土寮營裡大約擠了五十名發著高燒、神志昏迷的夥伴，在土寮後方圍著雙層倒刺鐵絲網的角落裡，有個小得不起眼的安靜處所，人們在那裡用幾根木樁和樹枝隨便搭起一個臨時帳篷，可以把每天這個小營區裡「產生」的五、六具屍體往裡頭丟。那裡還有一口水井，以木板覆蓋，且埋了地下水管。無論何時，只要營房內暫時不需要我這位醫師，我便會利用這片刻坐在木板蓋上冥思。我蹲伏著，穿過鐵絲網向外望著一片滿是蓊綠花香的廣闊田野和遠方巴伐利亞泛藍的山丘景致。我靜坐獨處，神遊著渴望的夢想，將思緒寄往遙遠的北方和東北方，因為那裡可能是我摯愛親人所在之處；然而此刻見到的只是一些奇形怪狀的雲朵。

雖然身邊堆滿了渾身是蝨子的屍體，卻一點也不會干擾我。能夠把我從神遊夢中扯回到現實的，只有衛兵沿著鐵絲網巡邏偶爾會出現的腳步聲，或者是營房傳來的一聲呼喚，要我回去領取剛送達的隔離檢疫站藥物——區區五片，有一回是十片的阿斯匹靈替代品或卡地阿挫痙攣藥品（Cardiazol），供應五十名病患多日的需要。這時我便會起身領藥，然後「巡視」一回病房，從一位同伴踱到另一位，量量脈搏。病況較嚴重者，給他半片藥物；最嚴重的根本不必給藥，因為不但是白給，反而還剝奪了其他病患可能的救命機會；至於病情輕微者，除了一句安慰的好話之外，我也愛莫能助。就這樣，我勉強拖著疲憊不堪、虛弱到不行的身子，從這個同伴踱到另一個，因為自己也才剛從嚴重的斑疹傷寒中熬了過來。然後再度獲得短暫的休息片刻，退回到寂寞中，坐在地下水管的木板蓋上。這塊木板蓋還曾經救了三位同伴的命呢。

時值解放前不久，納粹又做了多次大規模囚犯運輸（據說是送往達浩）。三位同伴經過慎重考量後，企圖躲避被送走的命運，於是他們鑽入這口水井下，藏匿其中。衛兵搜遍了整個營區，而我在此性命交關的緊張時刻，外表故作鎮定地坐在這塊木板上，毫不理會四周滿腹狐疑的衛兵，雖然他們起初似乎有所懷疑，想要掀開木板檢查，卻在經過考慮後放棄，逕自走過我身邊。我一副坦率的眼神、無辜的表情閒坐在那兒，落落大方地往鐵絲網上扔小石子，成功騙過衛兵。只有其中一個衛兵遲疑地瞅了我一秒鐘，不過猜疑的眼光立刻解除武裝，然後倉卒離去。不多久，我便通知井中的三位同伴危機解除。

命運主宰一切

唯有親身經歷過集中營生活的人，才能理解為何這種生活不但造成一個人生命的極端價值喪失，同時還會造成個人心靈麻木不仁。然而，透過觀察集中營病患的運輸過程，最能讓已經麻木者再次清楚意識到這種蔑視單一個人生存的現象。囚犯得在暴風雪中長途跋涉好幾公里路程，拉著兩輪的手推車，千辛萬苦來到另一個營區，把那些已經病入膏肓、決定被送走的病患像廢物般扔上手推車。如果正巧有人死了，那麼也得一起運上車：因為必須符合名單！名單是最重要的，一個人的囚犯號碼才是最重要的，因為他確確實實只代表一個號碼。是死是活，在此不具有決定性；「號碼」的「性命」無關緊要。至於這個號碼背後、這條性命的背後是好是壞就更微不足道了：命運、個人的故事、一個人的姓名，根本微不足道。

還記得我以醫師身分隨著病患運輸車從巴伐利亞某營區到另一個營時，途中遇見了一個年輕夥伴，按照規定，他原本得把親弟弟留下，只因為弟弟不在名單上。他不斷苦苦哀求營房長，直到另一位名單成員願意在最後一刻願意和這位弟弟交換，營房長才點頭答應。因為必須符合名單！荒謬的是事情非常簡單：這位至親弟弟直接與那人交換號碼和姓名即可。因為正如前面所提，所有集中營囚犯身上早已沒有任何證件、再無其他身外之物，但人人都慶幸自己還有會呼吸的軀體，畢竟歷經困苦，能熬到現在已經難能可貴了。

嚴格說來，我們的模樣就是一副近乎被腐蝕精光的骨架，包裹著一層了無生氣的蒼白皮膚。儘管如此，此刻的倖存者仍會對皮膚上披覆的襤褸破布產生興趣，毫不掩飾其貪婪好奇，經驗老到地估量即將沉淪的「穆斯林」身上的鞋子或外套是否確實比自己的還好些？那些行將就木者的命運已注定，但那些還能留在營裡、還有些許勞動力的人絕不放過任何一個能提高自己生存機率的東西。他們如此實際，一點也不會感情用事。

對於完全喪失一個人之為主體的感覺，更會因為以下事實而愈發定型：例如，他們不僅成為衛兵等人蠻橫施暴的對象，更成為命運玩弄的對象，成了被踢的皮球。一直以來我都認為並強調，一般人會在五年或十年後，才會知道為什麼某些事物有益於自己的生命。集中營生活卻更讓我領悟到：我們有多少次不是在五分鐘或十分鐘之後，就知道為什麼某些事物對自己有幫助！早在奧許維茲時，我便對自己立下一個原則，不久後非但證明了這原則的「正確性」，而且也為大多數同伴接受：只要有人對我提問，一概都據實以答，對於沒被問到之事則保持沉默。倘若有人問到我的年齡，我會誠實回答；問到我的職業，我會說「醫生」，但如果他並未特別問及專業，我也不會說自己是專業醫師。

在奧許維茲的第一個早晨，一名黨衛軍官來到集合廣場上。所有四十歲以下的同伴必須在某處列隊集合，四十歲以上者則在另一處；金屬工人、汽車機工等，又另列一隊。然後我們脫下褲子檢查疝氣，零星幾個同伴又被挑出。其中一組被驅趕至另一個營房，重新集合點名，我也在這一組中。我們再次經過分類，我努力抖擻精神簡短回答了「年齡？職業？」的問題後，被分配到一個冷僻的小組。不料我這組又被趕到另一個營房，再次問話重組。來來回回幾次，最後我置身在一群操著完全不知名外語的陌生人中，內心倍感難過與頹喪。接著又做了最後一次篩選，我隨著最後挑出的人被趕入最後一間營房。這時才突然驚覺：我竟和一些老同伴、同胞與同事在一起，我被分配到的營房正是我最初所在的營房！大家並未注意到，這時的我已歷經了多次的篩選、驅趕、折磨，而我卻意識到，在短短的幾分鐘內，我竟與多少不同的命運擦身而過。

前面提及的病患運輸安排要去「休養營」時，我的名字——亦即我的號碼——也列在名單上：據說他們需要幾位醫生。但事實上，沒有一個人相信這趟運輸真的會去休養營。我們已經學乖了，因為同樣的運輸早在幾星期前安排過一次。當時大夥兒便私下猜測，這肯定不會去休養營，而是去「毒氣室」。不料，突然間來了一項通知：所有名單上的人如果自願登記（令人恐懼萬分的）夜間勞動，均可選擇從休養病患名單上除名。立刻便有八十二位同伴決定刪除自己的名字。十五分鐘後，病患運輸取消，這八十二名囚犯卻列在夜班名單上，再也無法取消了！對他們當中大多數人來說，這次的夜班登記代表著十四天內便走上死亡的命運。

德黑蘭死神

後來，又安排了第二次的病患運輸，現在當然已經沒人能知道這又是什麼詭計花招，以榨乾病人身上最後殘餘的一點勞動力，即便只是為了短短的十四天。或者是去毒氣室？或者也許真的要去休養營？營區主治醫師對我頗有好感，到了晚上九點四十五分還偷偷對我說：「我向文書室反應了，你還可以要求從名單上除名，到十點整還可以申請註銷！」我向他解釋，這並非我個人的行事風格，我應當更努力學習走正直的道路，或者，如果我們換句話說，任由命運之神擺布。

「我決定留在病患同伴的身邊。」我對他說。一道滿懷同情的目光從他眼中掠過我的臉龐，彷彿他已經預料到……。他默默對我伸出手來，似乎這不是對他的生命道別，而是對我的生命。

我準備離去，拖著沉重緩慢的步伐回到營房。我的位子上坐著一位黯然神傷的好友，「你當真要一塊兒去？」他問我。

「是的——我要去……」淚水頓時從他眼中奪眶而出，我安慰他，然後準備做一件必要的事：我得口述遺囑。

「你聽著，奧圖。如果我這次一去不返，無法再回到妻子身邊；要是你往後見到她……就請你轉告她——注意聽著：第一，我們每時每日都有提到她——你記下了嗎？第二，除了她，我沒愛過別人。第三，與她那段短暫幸福的婚姻，就足以彌補我人生中的一切苦難，包括我們現在的遭遇……」

奧圖，你現在究竟人在何方？還活著嗎？自從那次相聚之後，你的命運又是如何？找到你的妻子了嗎？還記得嗎？雖然當時你哭得像個孩子，我仍強迫你把我的口述遺囑一字一句銘記在心。

第二天早晨，我隨著病患運輸車走了，這回沒有任何詭計與花招。這趟運輸也不是進毒氣室，而是真的進入休養營。那些對我寄予無限同情的人，他們還留在飢餓肆虐更甚於我們新營數倍的老營區裡。他們全心全意相信自己救了自己一命，事實上卻將自己推向毀滅。解放數月後，我與一位老營的同伴重逢，他身為「營區警察」，親自從一個鍋子當中沒收了一塊肉，而那時該營屍體堆中的某具屍體正好缺了一塊肉……因為該營爆發了人肉相食的殘忍事件。命運之神再度眷顧我，我適時逃離了後來成為地獄的老營。

這如何不讓人想起「德黑蘭死神」的故事來？某日，一個有錢有勢的波斯人在僕人陪伴下在自家花園中散步。僕人突然大喊大叫，說他剛才遇見死神威脅。僕人乞求主人給他一匹最快的駿馬，好讓他能盡快離開，趕在當天晚上逃到德黑蘭。主人答應了，僕人於是匆忙疾駛飛奔而去。然而在回到屋子的路上，主人卻親自遇見了死神。他立刻質問死神：「你為何要恐嚇我的僕人？」死神答道：「我根本沒威脅他！也不想嚇唬他，我只是驚訝他為什麼還在這裡？因為我原本打算今晚在德黑蘭跟他碰面的！」

逃亡計畫

覺得自己不過是命運手中之球——這種感覺深深籠罩著囚犯的心靈，因此盡量避免向命運挑戰，任由擺布便成了最高原則。除了上述種種原因，再加上麻木不仁的感覺已牢牢掌控住營中人，自然能了解他們為什麼總是避免主動，害怕做抉擇。然而集中營的生活往往少不了得當下立刻做出決定的突發事件，而且經常是攸關生死的重大決定。囚犯最希望將一切抉擇交由命運主宰，尤其在面臨贊成或反對逃亡時，逃避抉擇的現象更是展露無疑：在短短幾分鐘之內（每次確實只有幾分鐘時間），他就必須做出決定，內心自然備嘗劇烈的痛苦煎熬：是否該逃亡？究竟該不該冒險？就連我自己也嚐到猶如內在煉獄般的煎熬緊張：戰線逐漸逼近時，出現了一次逃亡的機會。

一位必須到營外執行醫師任務的同事贊成逃亡，而且執意要與我同行。他打算佯稱要會診一位非囚犯患者，同時以急需我這位專科醫師的協助為由，一起混出集中營。外頭有位國外的秘密反抗組織成員提供我們制服及偽造證件。不料計畫在最後一刻因為某些特定問題而生變，致使我們必須返回營區。但我們也利用機會補充了幾顆爛馬鈴薯做為日後逃亡充飢之用。

為了各自尋找一個背包，我們甚至闖入女營區一間才騰空不久的營房——從前那些女囚犯已被送往他營去了。屋內凌亂不堪，所有物品散落一地，可以想見那些女囚倉皇離去的模樣。地上還留著一些破衣服、乾草、發霉的食物，還有打碎的碗盤等。雖然找到幾個看來還能用的碗，仍舊決定不拿。因為我們十分清楚，由於最近情勢逐漸惡化，集中營也面臨空前未有的淒涼紊亂，這些湯碗不僅用來盛湯，也充當盥洗盆和夜壺。（因為營房內嚴禁擺放供大小便用的器皿；然而大家不得不違反這項禁令，尤其斑疹傷寒流行期間，身體極虛弱的病人發著高燒躺在床上，即便有人攙扶，都無法在夜裡起身到屋外上茅坑。）現在，我正幫忙同事翻過牆去，讓他進入孤零零的女營房。隔了一會兒，他喜形於色地出來，滿心驕傲地指著一個藏在外套下的背包，說他看見裡頭還有一個，叫我趕緊去拿。這次輪到他幫我翻過牆進入營房。我在凌亂的垃圾堆裡翻來翻去，不但找到了第二個背包，還發現一支牙刷，正喜出望外之際，在這堆人們匆忙留下的雜物間，我注意到一具女屍。

我急忙跑回營房，收拾身邊所有財產：一個湯碗、一雙從已死的斑疹傷寒病人「繼承」過來的破手套，和一些上面寫滿關鍵字的速記小紙條——前面曾提到我的學術書稿在奧許維茲沒收，後來憑著記憶重新寫下。我匆匆進入病患土寮，最後一次巡視擠臥在朽木板上的病人，先是右排，然後左排。我來到唯一的同胞面前，已經奄奄一息的他，是我曾經設法排除萬難發誓要救活的對象。雖然我沒有洩漏半點逃亡計畫，這位同胞似乎還是看出了端倪（也許是因為我的神情有些緊張）。無論如何，他有氣無力地問我：「連你也要走了？」我立即否認。然而此後，他的眼神便在我腦中揮之不去。

巡視完畢後，我又來到他身旁，絕望的眼神再度落在我身上。不知怎地，可以感覺到他眼神中隱約的責備意味。從我點頭答應和同事相偕逃亡後，一股不快便襲上心頭，愈陷愈深。這畢竟違背了我一貫不玩弄命運的原則。突然間我衝出營房，飛奔到病患區告訴同事：我不能去了。我以堅決的口吻告訴他，我決定留在病人身邊，不與他同行。此話才剛出口，心中不快頓時煙消雲散！我不知道往後幾天會如何變化，但我的內心出奇平靜。我帶著堅定的腳步，走回斑疹傷寒營房，坐在同胞腳邊的木板上，安慰他，再與其他發燒患者話家常，安撫他們。

這個集中營的最後一天終於來臨，幾乎所有囚犯都因為戰線逐漸逼近而被大批送往他營。營中的權貴人物，如蓋保與廚師等人也都各自逃命去了。當局在這天發布了一道命令，所有人員必須在入夜前全部撤出，包括最後一批留下的囚犯，病人與少數幾位醫師及「護理人員」，無一例外，而且據說夜晚便要放火燒毀整座營了。然而當天下午，幾輛原本該來載送病患的卡車卻遲遲不見蹤影，營區大門反而突然緊閉封鎖，四周鐵絲網區也嚴密看守，並設下圈套，以杜絕任何「穿越鐵絲網」逃亡的遐想。情勢變得陰森可怕，他們似乎打算將整座營連同殘存的囚犯一併焚毀。於是我和同事再次決定逃亡。

正巧我們奉命將這天「產生」的三具屍體埋在鐵絲網外，因為除了我們兩人外，營內已經無人有足夠的力氣能勝任，寥寥幾間還有人的營房裡，大家都發著高燒、神志昏迷地躺著。我們的計畫如下：利用搬運第一具屍體的機會，將同事的背包藏在充當棺材架的舊洗衣桶中偷偷運出去；第二具屍體則藏我的背包；搬運第三具屍體出營後便逃之夭夭。前兩趟均在計畫之中，到了第三具屍體，我得等在一旁。同事說，他盡快找些麵包，好讓往後幾天不至於在森林裡挨餓。我左等右等，時間一分一秒過去，我愈發坐立不安，他依舊沒回來。經過三年漫長的煉獄劫難，終於第一次想像到自由的美妙滋味——假如這回能成功逃向戰火線。後來我們才明白迎向戰火線有多危險！

命運之神的捉弄

但事情並未發展到這一步。因為當同事終於衝進來的那一刻，集中營大門也打開了，一輛漆著大大紅十字標記的銀灰色豪華轎車緩緩駛入集合廣場。一位日內瓦國際紅十字會的代表大駕光臨，將整座營及現存的囚犯都納入他的保護。這種時候，誰還會想逃亡？成箱的藥品從車上搬下來，香菸四處散發，我們也拍了照，處處是一片歡騰的喜慶氣氛。現在，我們不再需要冒險踏入雙方交戰的火線了。

紅十字會代表在集中營附近的一處農舍租了屋子，以便夜間待命，因應緊急需要。極度狂喜之餘，我們居然忘了第三具屍體，現在才準備抬出營去，讓它滾下一條事先挖好的小井溝裡。隨行看守的衛兵突然變得溫和許多，他意識到情勢將整個改觀，企圖博取我們的好感。無論如何，在我們為三名死者灑下第一把泥土並做安魂短禱時，他也加入了。歷經了數日來與死神最後搏鬥的內在緊張，以及過去數小時的興奮激動，我們和平禱告的誠摯想必超越其他人口中流露出來的禱詞啊。

我們集中營生活的最後一天，就是在期待自由的心態下度過。然而，我們的如意算盤打得太早。雖然有紅十字會代表的保證：根據協定，集中營不准繼續撤離；但該晚仍有黨衛軍的卡車進入，執行立即清空的命令——最後殘存的囚犯全部送往一個中央營區，四十八小時內再從該營送到瑞士，以便交換德軍戰俘。

卡車上的黨衛軍成員的口氣非常友善，還安慰我們不必害怕上卡車，反而應該慶幸能有這樣的大好機會。這會兒還有體力的人立刻爭相推擠上車，而那些重病和虛弱不堪者則被抬上車板。同事與我，還有兩個已經不需隱藏的背包也站在隊伍裡，站在等著被挑上倒數第二輛卡車的十三個人選中。營區主治醫師負責挑人；我們這隊共十五人，他卻偏偏遺漏我們兩個，逕自挑了十三個人登上卡車。驚訝、失望之餘，被迫留下的我們只能眼睜睜看著卡車離開，忍不住憤怒去責備主治醫師。他以過度疲勞、精神渙散為由向我們道歉，況且也誤以為我們兩人還打算逃亡。

身上背著背包的我們，只好不耐煩地坐下，與剩餘的幾名囚犯一同等待最後一輛卡車。由於必須久等，我們便在營房內的木板床上躺下來。過去數天來的「神經戰」，希望與失望的交相折磨（從狂喜歡呼到悲痛欲絕），完全把我們搞垮了。為了做好「啟程」的準備，我們和衣而眠。突然一陣槍砲射擊聲與信號彈閃光把我們驚醒，擊穿營房牆壁的子彈也咻的一聲透進屋裡，營區主治醫師連忙衝進來，命令我們趴在地上找掩護，躺在上層一位穿著鞋的同伴一躍而下，踩在我的肚子上。這下我完全清醒了，也立刻意識到：戰火線已經延燒到此了！過了一會兒，槍砲聲逐漸停息，在黎明破曉時分，外頭營區大門邊的旗杆上有一面白旗隨風飄揚。

幾星期後，我們這些留下的少數囚犯才明白，「命運之神」在最後的幾個小時又捉弄了我們一次，人做的決定是多麼不可靠啊，尤其是攸關生死的大事！想起那些當晚上了卡車、誤以為即將奔向自由的夥伴們，德黑蘭死神的故事再度浮現腦海。因為幾個星期後，有人拿來幾張在距離我們營區不遠的一個小營中拍攝的照片，原本該去瑞士的這些人，全都被關在小營裡活活燒死了，照片上半燒成炭的屍體還清晰可見。

躁怒神經質

集中營生活期間，麻木冷感、情緒鈍化完全主宰了囚犯，這種現象已經大致說明。基本上，囚犯的心靈生活也下降到十分原始、低級的層次，使他成為毫無自由意志、任由命運操縱的客體，或是營中衛兵蠻橫霸道的犧牲者，最後導致他害怕將命運掌握在自己手中，害怕做抉擇。然而他們的麻木冷感還另有因素，並非只是前面提到之精神上的自我防衛機轉，換言之，即生理上的因素。同時，易怒、神經質（除了冷漠之外）也是囚犯最強烈的心理特徵。導致麻木冷感最重要的生理因素包括飢餓與睡眠不足。人盡皆知，即便在一般正常生活中，這兩項因素足以造成人的冷漠與神經質，更何況在集中營。睡眠不足的部分原因可追溯到營房人數密度高到無法想像，以及衛生條件極度惡劣，導致害蟲成災。

形成冷漠感及易躁怒現象的原因還有：原本能夠減緩冷漠感及躁怒現象的文明毒藥消失了，也就是尼古丁與咖啡因！缺少了尼古丁與咖啡因刺激，容易加深人的冷漠感和神經質。除了這些生理上的因素外，心理因素也是導致囚犯陷於此種精神狀態的原因，而且是以所謂的「情結」形式表現。可以想像，多數囚犯皆深受自卑感折磨。我們每個人從前都曾是「一號人物」，或至少自以為是號人物；如今在這裡卻遭到非人待遇，彷彿自己是個無名小卒。雖說一個人的內在自我價值意識原應建立在精神的本質層面上，不會因為集中營的困境而有所動搖；然而，世上究竟有多少人能擁有如此堅定的自我意識？遑論多少囚犯？一般囚犯不會多思考，也沒有深切意識，自然會覺得自己徹底喪失社會地位。這樣的感受經驗再透過集中營的特殊社會結構，產生的強烈對比更顯深刻。

我不由在此想到那些少數囚犯，那些所謂權貴階級，例如蓋保、廚師、倉庫管理員和「集中營警察」——對照大多數人低賤的自卑感，這些權貴成了最鮮明的對比。大體上，他們不認為自己像「大多數」的一般囚犯那樣完全喪失地位，反而覺得真正「發了」。是的，其中有些人甚至發展出所謂的迷你「自大狂兼迫害狂」人格。多數人對於少數權貴行事作風，又嫉又恨的心理反應各有不同，例如偶爾開開尖酸刻薄的玩笑。對此，我曾聽說過一則玩笑：兩名囚犯閒聊談到第三者，屬於「翻了身」的那一群，說：「當他還只是區區某大銀行總裁時，我便認識他了呢。想不到他平步青雲，在這裡裝出蓋保的模樣來了。」

如果地位卑賤的囚犯與翻身的權貴階級兩派發生衝突（營內生活中處處充斥此種機會），例如食物分配的問題，則囚犯易躁怒、神經質的徵兆便會完全爆發。這種躁怒情緒乃是因為前面提到的各種不同生理因素形成，再加上心理因素影響，亦即情結性的自卑感或自大狂情緒累積而終於爆發。情緒的過度反應最後肯定會以全武行的火爆局面收場。集中營囚犯經常成為毆打場面的旁觀證人，也難怪他們會將憤怒的情緒以暴力形式尋求發洩的管道。我個人就經常得面臨這樣的場面，因為飢餓加上睡眠不足，引發「雙手抽搐」、即將「失控」的情形。我們的嚴重睡眠不足，是因為有一陣子在這座充當斑疹傷寒病房的土寮內特准使用暖爐，因此必須有人徹夜守候，不能讓暖爐的火熄滅。只要還稍有體力者，一律都得輪夜班。雖然疲憊不堪，但每當夜深人靜，大家不是沉睡便是昏迷，唯有我獨自躺在營房的暖爐前「輪班執勤」守候火爐，並在火紅的煤炭球上烤幾個偷來的馬鈴薯，這恐怕是我享受過最恬靜安逸的時刻！

只不過這樣熬夜令人身心俱疲，第二天感覺更麻木，情緒更暴躁。尤其在獲釋前不久，我除了身為斑疹傷寒醫師外，還必須代理因病出缺的營房長職務，負責營房內的清潔衛生（在既有的克難環境下能做到的衛生程度），以便對營區管理當局交代。當局為了衛生目的再三檢查營房，事實上是做給外人看的表面功夫，與其說是衛生措施，不如說是藉故刁難。只要多供應一些食物及藥品，便可達到上述目的，然而他們關心的頂多只是中間走道上不准有乾草，病人又髒又破、長滿蝨子的被子是否折成一道整齊的線條？一旦通知檢查，我就得負責不讓營區首長或營房長在彎下腰來、從土寮門口往裡頭掃過一眼時發現一根乾草，火爐前不能有丁點灰燼或諸如此類。至於躺在破屋裡的病人命運如何並不重要，只要我把囚帽從剃得精光的頭上扯下來，兩個腳跟重重併攏一蹬，鏗鏘有力地「報告」：六區第九營，斑疹傷寒病人五十二名，護理員兩名，醫師一名，長官便會離開。

不過要等到他們大駕光臨，並且一如往常，老在通知後好幾個鐘頭才姍姍來遲（或者根本不來），我事先總得被迫不停地折被子，拾起從床板上掉下來的乾草，再大聲斥喝那些威脅我的可憐蟲，說要在最後一刻「搞亂」我好不容易才完成的表面整潔，因為發燒患者感覺麻木與鈍化的程度，已經嚴重到非得斥責怒罵不可。然而，經常連斥責怒罵也無效，此時我就得極力控制心中的怒火，以免忍不住出手打人。畢竟他人的麻木冷漠，以及可能導致你個人連帶受害的意識，會使個人的躁怒更容易失控，而遭檢查長官的威脅處分。

內在的自由

長期監禁的集中營囚犯的典型性格特徵，我們以心理學及精神病理學的角度解析後，可能會讓人認為，人類的心靈最終仍無可避免會受到環境強烈左右。就以集中營的心理學範疇為例，以一個特殊的社會環境而言，集中營生活必然會形塑囚犯的行為模式。然而我們絕對有理由反駁提問：那麼人類的自由何在？難道在既有的環境條件下，個人行為就毫無精神自由可言嗎？無論就生物學、心理學或社會學的條件觀點來看，人真的只是多重條件與制約性的產物？難道人真的只是肉體結構、性格支配與社會形勢偶然組合而成的結果？更重要的是：在集中營那樣特殊的社會結構下，人的精神反應真的顯示出他無法脫離環境帶來的影響？難道他必定要屈服於這樣的影響？在集中營的「形勢強迫」下，他真的「別無選擇」？

現在這些問題，我們不但可以藉著經驗，也可以藉著基本原則來回答。根據集中營的生活經驗，顯示出人的確可以有「別的選擇」。許多實例，而且經常是英雄式的實例證明，麻木冷漠感是可以克服的，而躁怒、神經質同樣也能壓抑下來；換言之，在這無論內在外在都是絕對的強迫環境下，人的心靈依然存餘著精神自由，自我對外在環境的價值觀依然能保有些微自由。

凡是親身體驗過集中營者，一定不會忘記穿梭在集合廣場與各營房間的人，他們不時給予安慰鼓勵，或把僅存的一口麵包施捨給別人！這種人即使寥寥可數，卻有力量證明，集中營囚犯所有身外之物都可以被剝奪，唯獨最後的人性自由，也就是無論如何都能對既有環境做自我調整的自由，是無法剝奪的，而且是「無論如何」都無法剝奪！

集中營裡時時刻刻都有千百種機會讓人做這樣的內在抉擇，一個人選擇要屈服於環境強權而墮落，或選擇抵抗；是否任由環境剝奪個人的本質（他的內在自由）同時引誘他放棄最後的自由與尊嚴，成為他人手中把玩的球，以及外在條件的客體，並任由環境將他改造成「典型」的集中營囚犯。

從最後這個內在自由的角度來看，集中營囚犯的心理反應顯然不單只是某些生理、心理及社會條件的綜合表現。縱使這些嚴重缺乏營養、睡眠不足或各種不同的心理「情結」等條件，多麼容易導致他們淪為符合典型囚犯的心理規律。最後這個觀點證明，雖然集中營的環境能將他「塑造」成某種特定人格，然而人的內在發展結果仍舊由自己決定。因此基本上，即使處在多艱難的困境中，每個人依然能夠自我決定成為何種人格（從精神角度而言）：典型的「集中營人」？或者仍然保有尊嚴、保有人性的人？

杜思妥也夫斯基曾經說過：「我只害怕一件事：我配不上自己所受的痛苦。」每當想起集中營烈士的英雄行徑，這句話便經常縈繞在我心頭。他們為了大多數人所存疑的人性內在自由而刻苦與犧牲，證明這是無論如何也不能失去的最後價值！他們大可以對自己說，「他們配得上自己所受的苦」。他們也證明，承受真正的苦難是一種內在的成就表現，即使只剩最後一口氣，人的精神自由仍不可剝奪，他們也能找到充實自我生命意義的機會。

因為並非只有積極的人生才有意義，才能以創造的方式實現自我價值；也非只有享受體驗式的人生才有意義，才能體驗藝術與自然之美而實現自我。即便陷於集中營也同樣有意義，雖然那裡幾乎無法以創造性或體驗性的方式實現自我價值，反而只給予我們最後一個機會來創造有意義的人生，正因為人們必須面對強迫性的外在環境制約而調整自我的存在。雖然對他來說，創造性或體驗性的人生早已封閉了，然而並非只是創造性或體驗性的人生才具意義，重點在於：如果人生有意義，那麼痛苦也要有意義。畢竟痛苦、命運與死亡同樣都是人生的一部分，因為困境與死亡，讓人的存在臻於圓滿。

大多數人最憂心的問題是：我們能熬過集中營活下來嗎？如果不能，那麼所受的一切痛苦自然就毫無意義。不斷困擾我的問題卻是：究竟加諸在我們身上的一切苦難與死亡有意義嗎？如果沒有，那麼熬過集中營而倖存下來也就毫無意義了。如果人生的意義完全取決於能否逃過一劫而倖存，換言之，如果人生的意義完全取決於命運偶然的寬恕憐憫，這樣的人生也就根本不值得活過一回。

倘若一個人坦然接受無可扭轉的命運，以及連帶必須承受的一切苦難，那麼即便在最艱難的困境中，即便到了人生的最後一刻，仍有足夠的機會創造人生的意義。端視他是否勇敢堅強，尊嚴無私。或者為了自我的生存利益而不顧一切，到最後卻忘了原有的人性本質，變得與禽獸無異，讓我們不由得回想起集中營囚犯的心理，端賴他個人是否能在痛苦的處境和艱難的命運中，把握這些價值並將其實現，或者永遠錯失，並決定是否「配得上痛苦」。

不要認為這樣的思維脫離了現實生活或與世隔絕。誠然，這樣的精神境界只有極少數人才有能力達到，也只有極少數的集中營囚犯能完全忠於自己的內在自由，下定決心在痛苦中實現自我價值。但即使只有區區一人，也足以證明人的內在力量遠勝過其外在命運，而且不僅在集中營。人處處都會面臨命運的挑戰，決定是否將承受的痛苦化成內在的成就。我們只要想想病人的命運，特別是罹患絕症的人。我曾經讀過一位還算年輕的患者在寫給朋友的信中提到，他才剛獲知自己將不久於人世，連手術也無濟於事。不過接下來他卻寫到，這讓他想起一部影片，片中一個人以勇敢、堅強又有尊嚴的方式面對死亡；觀看影片的當時，這位患者覺得如果能夠這樣坦然面對死亡，實在是「上天送的禮物」；然後他繼續寫，而現在，命運之神也給了他這個禮物。

如今，我們之中如果有人在幾年前看過由托爾斯泰小說改編成的影片《復活》，想必同樣會這麼想：真是偉大的命運和人物啊！不過我們這些芸芸眾生大概不會遇上如此偉大的命運，因此恐怕也不可能有展現人性偉大的機會。電影結束後，我們走到附近的點心自動販賣機，待三明治和咖啡下肚後，方才那些一度閃過腦中意識的美好思想，早就被拋到九霄雲外去了。一旦我們要展現自我的偉大情操，以親身面對這樣重大的命運與決定時，卻早已忘記那些玩笑性的決定而徹底失敗。

對某些人來說，如果有一天再度坐在電影院裡觀賞同樣或類似電影，他的內心（精神之眼）也放映著一部回憶的電影，回憶那些實現自我生命的人，其成就遠超過一部多愁善感之作。也許他會想起某人故事中某些偉大內在的點點滴滴，例如我親眼見證了一個集中營年輕女子的死亡故事。故事很簡單，沒什麼曲折離奇的情節，聽來還可能會讓人感覺是杜撰，因為故事充滿了詩意。

這名年輕女子知道自己將在近日死去，卻仍開朗地與我交談：「我感激命運給我重重一擊，」她一字一句對我說：「因為我過去的中產階級生活讓我養尊處優慣了，從未嚴肅探討過心靈問題。」在人生最後幾天，她可以說完全活在精神層面中。

「在我孤獨寂寞時，這棵樹是我唯一的朋友。」她指向營房窗外說。屋外是一棵正值開花的栗子樹，如果對著病人的木板床彎下腰來，還可以透過小窗子看見綻放著兩朵花蕾的綠色枝椏。「我經常跟樹說話。」她繼續說。這時我大感詫異，不知道她說這話的涵意。她是不是因為高燒、神智不清，偶爾產生了幻覺？因此我好奇地問她，那棵樹有沒有回答？有嗎？那它說些什麼？她回答：「它對我說：我在這裡——我—在—這—裡，我就是生命，永恆的生命……」

「生命好比去看牙醫」

剛才說到，集中營囚犯內在生命狀態扭曲的主要原因，並非在於逐條列舉的心理及生理因素，而是自由抉擇的結果。這需要更詳細說明。根據對集中營囚犯做的心理學觀察得知，只有任憑精神與人性墮落的人，其人格特徵發展才會受到集中營環境影響；只有毫無堅韌性者，才會任由自己墮落！然而，內在的堅韌性建立於何處？這是我們現在要深入的問題。

根據報導或集中營囚犯的自我描述一再證明，最令人沮喪的莫過於大多數囚犯無法知道自己還要在營中待多久，因為釋放的日子遙遙無期！即使討論到釋放日，也沒人知道真正的日期（我們的營中根本不會討論這個主題），就實際與經驗而言，非但無法確定，反而是無限期延伸。一位著名的心理學研究者曾經指出，集中營的生存形式可以稱為「暫時的生存」，果真如此的話，那麼我們更可補充此定義：事實上，集中營囚犯的生存可以定義為「無限期的暫時生存」！

初遣送至新營的囚犯當然無從得知該營的狀況，由他營轉送過來的人又被下令封口，而某些營更只進不出，從不見有人出來。一旦踏入營門，囚犯的心理狀態便會歷經一番劇變：剛從一個營中走出來，又開始等待另一個遙遙無期的釋放。無人能預測這樣的生存形式是否有終點，就算有，那麼何時才是終點？

拉丁文「finis」這個字有雙重意義：結束與目標。而目前無法見到生存形式將何時結束的人，自然也無法朝人生的目標邁進。他沒辦法像其他擁有正常生活模式的人那樣，為未來而生存。正如我們在其他人生領域中亦可見到的，他的內在生命結構也隨之改變，精神墮落也逐漸顯現。例如失業者也處在類似的心理狀態下，他的生存亦成為暫時的形式，也意味著見不到未來，無法為未來的目標而活。根據一系列針對礦工失業者的心理學檢驗顯示，這種扭曲的存在形式會影響到他對時間的感受，影響到「內在時間」或「感受時間」。

集中營內亦然。就以一小段時間為例，譬如一天——時時刻刻充滿刁難折磨，感覺彷彿遙無止盡；一段較長的時間，譬如一週——日日千篇一律，卻彷彿光陰似箭。每當我說：集中營裡的一天真比一週還長！我的夥伴都頗有同感。這種詭異的時間感受正是如此矛盾！

這令我不由得想起湯瑪斯．曼的小說《魔山》（*Der Zauberberg*），當中有段十分中肯的心理學觀察，對人性心靈演變的描寫非常細膩。書中人物亦處在類似心理狀態下：肺結核療養院裡的病患不知何時能出院，同樣也處在「沒有未來」的狀態，與我們談到的集中營囚犯一樣活得沒有目標。

一名囚犯曾經告訴我，當他隨著一批新進囚犯的長長隊伍，從火車站步行前往集中營，那時的感覺猶如「走在自己的送葬行列」中，對未來不抱希望，他只能將整個生命視為過往雲煙，如同死去的人。然而這「行屍走肉」的感覺，會由於別的因素而加深。在深深感受到囚犯生活遙遙無期時，個人空間上受禁錮的感覺也倍加明顯：鐵絲網外的世界似乎遙不可及，最後竟令人感到如夢幻般虛假。在囚犯眼中，營外的人、事、物與一切正常的生活，反而更顯陰森恐怖。只要他有機會瞥見營外生活，那感覺就如同往生者從「靈界隔世」向下俯瞰世界。因此，囚犯對外面的正常世界逐漸產生一種感覺，彷彿這個世界已經把他「弄丟了」。

自甘墮落的人再也找不到未來的目標，以及支撐下去的力量；集中營的生活對他來說，便成了回顧過去的存在形式。我們前面已經提過這種傾向追溯既往人生的現象，其目的在於抹滅當前現狀的價值，忽略周遭的現實環境。然而這也隱藏了潛在的危機，因為他也會忽略集中營裡，仍然有機會可以創造現實，正如某些英雄事例。一如集中營囚犯暫時的存在方式，完全抹滅了現實價值，最後容易導致隨波逐流、自我沉淪——因為沒有了現實，所以「一切都毫無意義」。殊不知，這樣的人忘記了一項事實，往往正是超乎尋常的外在困境，才造就人們的自我內在超越成長。他們非但沒有利用集中營的外在困境當作精神試煉而創造自我，不在乎當前的存在，反而將之貶抑成非真實的事物，寧可封閉自我，沉湎於過去。如果無法在煉獄般的監禁生活中藉機振作（其實不乏這樣的機會），開創人生的高峰，這樣的人生便會停滯。

不容諱言，只有極少數的人才有此能力。即使看似失敗甚或死亡，他們還能展現出人性的偉大，也許在他們從前正常的生活中，這樣的機會永遠也不可能會出現。至於我們這些不夠堅定的平庸之輩，應該想想俾斯麥的一句警語：「生命好比去看牙醫：我們總以為真正的重頭戲還在後面，事實上早已經過去了。」把這句話稍微修改一下即成為：大多數集中營囚犯總以為真正實現自我的機會已經流逝，而事實上，機會就在於他們能否在營中創造自己的生命。受苦的芸芸眾生渾沌度日，一如數千個集中營囚犯；或者一如極少數人，將生命化成內在的勝利。

面對當下的痛苦

很明顯，為消除囚犯因為集中營生活而產生的精神病理學現象，任何心理治療或甚至心理衛生都需要設法為囚犯點出未來的希望與目標，給予精神上的扶持。某些囚犯出於本能，也會試圖自行尋找這樣的目標，而他們通常希冀著一些事物，足以支撐他的內在，而這些事物大多就是那麼一丁點的未來。人就是這麼奇特，只有從未來的角度，亦即「瞻望永恆」(sub specie aeternitatis)[11]，才能生存下去。在瞻望未來之下，人即使處在生命中最困難的時刻，也能一再找到出路，或許經常需要使用一些訣竅來達到目的。

我自己便有過這樣的經驗：強忍著幾乎讓人掉淚的痛楚，滿是傷口的雙腳凍僵在一雙開口的鞋子裡，頂著迎面而來的凜冽寒風，我一拐一拐地隨著長長隊伍從營區步行了好幾公里來到工地。一路上，腦海裡不斷縈繞著千百種思緒，全都是我們卑微營中生活的瑣碎小事：今天的晚飯會是什麼？如果額外配給一片香腸肉，到底該不該拿去換塊麵包？我該不該把兩星期前得到的「績效獎金」所留下的最後一根菸拿去換一碗湯？充當鞋帶的鐵絲斷了，要怎樣才能弄到一條新的？不知能否及時趕到工地，銜接上我熟悉的勞動分隊；還

11 此乃西方理性主義哲學家史賓諾莎（Baruch de Spinoza, 1632-1677）的名言，他認為只有上帝是完全自由的，而人一旦受制於外在影響，便是處於奴役狀態，故人應與上帝合為一體，才能脫離制約，獲得自由，因此我們也應該以永恆的觀點來看事情。

是會被分到野蠻凶狠監工的另一隊去？我要如何才能討好某個蓋保工頭的歡心，讓他幫我實現一個不太可能的願望——留在集中營裡工作，不必日日長途跋涉這段百般折磨的路程？

腦中這些揮之不去的想法實在令我作嘔，因為我時時刻刻被這些瑣碎小事占據心頭。這時我便使用一個訣竅：突然間，我見到自己置身在一個寬敞明亮而溫暖華麗的大廳講台上，一群興致高昂的聽眾正坐在舒適的座位上，聚精會神地傾聽我演講，有關集中營心理學的演講！我將所有折磨、壓抑我的一切客觀化，並以較高的學術層面來觀察，向聽眾描述。藉由這樣的方法，我成功面對集中營的逆境，面對當下的痛苦，把它當作陳年往事來觀察，我把自己連同所受的痛苦都當成有趣的心理科學研究對象。史賓諾莎在其著作《倫理學》[12]中寫道：「只要我們把痛苦的情緒波動描繪成一個清晰明確的表象概念，便不再痛苦。」(Affectus, qui passio est, desinit esse passio simulatque eius claram et distinctam formamus ideam）——第五部「論理智的力量或人的自由」，命題三）。

相反地，不再相信自己有未來的人，在營中注定無可救藥。因為對未來喪失信心者，自然也失去精神上的支柱，任由心靈墮落，最後導致身心同時腐敗。這是一種突發的現象，也是一個轉折點。經驗還算豐富的囚犯都很熟悉它的徵兆。我們每個人都害怕徵兆出現——倒不是害怕出現在自己身上，因為如果真到此地步，害怕也是多餘；反而是擔心身邊的好友。

徵兆出現的過程通常是：某個囚犯在某日早晨突然不再起床，也不願穿衣、上盥洗室、去集合廣場。無論哀求、恐嚇，還是毆打，均徒勞無功：他就賴在那裡，一動也不動。倘若這種情形是由於疾病引起，他也會拒絕進入急診室或接受治療，總之他完全放棄自己！即使渾身屎尿躺在那裡也不在乎，他不再關心任何事物。

這種危及生命的自我放棄、自甘沉淪及不再對未來抱持希望，之間究竟有何關連？我曾親眼見過這樣戲劇性的場面：我們的營房長F先生原是一位小有名氣的外國作曲家兼歌劇劇本作家，有一天突然向我訴說心事：「醫生，我跟你說：不久前我做了一個怪夢，夢中有個聲音告訴我，可以許個願望，只要我想知道的，它都可以回答我。你猜我問了什麼嗎？我說我想知道戰爭對我來說何時才會結束！醫生，你懂我的意思嗎？我說：對我來說！我想知道我們這個營什麼時候才能被解放？我們的苦難何時才能了結？」

「你什麼時候做這個夢的？」我問他。

「一九四五年二月。」他回答（當時已是三月初）。

「那你夢中那個聲音怎麼回答？」我再問。

他神秘兮兮地輕聲對我耳語說：「三月三十日……」

12 本書全名為《依幾何次序所證論理學》（*Ethica, Ordine Geometrico Demonstrata*），簡稱《倫理學》。

這位F先生告訴我這個夢時，他還滿懷希望，確信夢中的聲音絕不會錯。然而，隨著預言的日子逐漸逼近，不斷傳入集中營的軍事消息也不如預言，戰線的情勢發展讓我們在三月底前獲釋的機率愈來愈小。接著以下的事情發生了：F先生突然在三月二十九日發高燒病倒了。到了三月三十日，也就是預言戰爭結束，「他的」苦難也應該結束的日子，F先生開始陷入嚴重昏迷，最後失去意識。三月三十一日他便去世了，死因為斑疹傷寒。

如果我們了解一個人的心境，例如勇氣與希望，或是膽怯與絕望，及其引發的情緒反應與身體的免疫力有著密切關聯，便能了解心理狀態沉淪在膽怯與絕望中，會帶來多致命的後果！我的夥伴F先生由於期待的獲釋預言未能實現，使他陷入絕望，導致身體組織的抵抗力突然降低，讓潛伏在體內的斑疹傷寒病毒得以發作。他對未來的信心與意志既已癱瘓，體內也因此不敵疾病的侵襲——就這樣，他夢中聲音的預言畢竟還是應驗了。

觀察這個個案以及得出的結論，符合我們營區主治醫師再三提醒我的一件事。在一九四四年聖誕節至一九四五年元旦間的一個星期中，我們這個營內發生了前所未有的大批死亡案件。根據他的看法，其原因不是勞動條件惡化、伙食配給變差、氣候環境改變，或新一波的傳染疾病肆虐等，而是大多數囚犯都抱持一個純真的願望，期盼能在節前返鄉。每逢佳節倍思親，而正當節日逐漸逼近、新聞報紙的消息卻無法振奮人心時，營內囚犯終於喪失勇氣且絕望，籠罩在這樣的陰霾下，其影響力證明會危及身體的抵抗力，導致大量死亡。

我們前面曾提到，若想給予營中囚犯精神上的扶持，使他們重新振作，首先便要為他們點出一個未來的目標。所有心理治療或心理健康促進，都要秉持一個信念，將這個信念以尼采的一句話來說明最為貼切：「一個人若有活下去的理由，幾乎任何痛苦皆能忍受。」因此我們必須時時提醒囚犯活下去的「意義」、一個生命的目標，使他們心理上能應付當下的「任何」可怕痛苦、集中營生活的恐怖，而屹立不搖。相反的，一旦失去了生活目標，沒有了生命內涵，個人的存在意義消失，內在的支撐力量也因而消失，因為這樣而喪失所有支撐力量的人，不消多久便會沉淪。他們拒絕接受一切鼓舞人心的話，其典型反應是：「我對生命已經不再有任何期待。」面對這樣的話，我們該如何反駁？

尋找生命的意義

此處的首要任務是要根本改革我們對人生意義的概念：我們必須學習並教導喪失信心的人認清一個觀念，**真正重要的絕非我們對生命有何期待，而是生命對我們有何期待！**若以專業的哲學術語來表達，其重點在於「哥白尼式的轉變」，也就是說，我們不再追問生命的意義為何，而是將自己轉換成被追問的對象，時時刻刻接受生命的追問——這些問題並不是單憑冥思或說話就可以回答，而是必須透過一個行動、一個正確的態度才能找到答案。生命的終極意義不外乎：為了人生問題的正確答案，為了完成個人生命的任務，為了實現關鍵時刻的挑戰而承擔責任。

這個挑戰以及存在的意義會因人因時而異，因此我們也無法以概括的方式來描述人生意義，更不能以一個普遍概念來回答。這裡所謂的生命並非模棱兩可的東西，而是具體的事物，一如我們生命中的挑戰也十分具體。這種具體性也構成每個人獨一無二的命運，不但無從比較，同樣的處境也不可能重複出現，而且人在每個處境下所需要的反應也不同。這個具體情況時而要求人們展開行動，嘗試親手開創自己的命運；時而該利用機會深切體會（譬如感受）實現價值的可能性；時而接受命運的安排。無論如何，每個具體情況都是獨一無二的特殊問題，而且只允許唯一一個「正確答案」。

只要這個具體命運讓某人承擔痛苦，他就必須將受苦視為他的任務，而且是獨一無二的任務。他必須意識到自己遭受的苦難命運在全宇宙中是獨一無二的，無人能替他承擔一切，為他受苦。他雖然遭受命運打擊而身陷苦難，但苦難中卻也隱藏著獨一無二創造成就的機會。

這些觀點對集中營裡的囚犯而言，並非脫離現實的空想，反而是能拯救我們的唯一途徑！因為如果我們再也看不到倖存的機會，也就不至於懷疑這樣的想法，畢竟我們追問的重點早就不在於一般的生命意義。這樣天真的問題全都是由於還想積極創造事物來實現某種目標。我們在乎的是整體的生命意義，亦即包含了死亡，因此我們不僅要問「活的」生命，同時也要問苦難與死亡的意義：我們追尋的，是這樣的生命意義！

受苦難即是成就

一旦我們明白了承受苦難的意義，自然也不再忽略集中營的痛苦，或以視而不見的態度欺騙自己——例如輕率或矯情的樂觀主義。痛苦對我們而言，反而成為一種使命，我們不再忽略它所蘊含的意義，因為承受痛苦代表著一項成就——使德國詩人里爾克（Rainer Maria Rilke, 1875-1926）深思後寫下：「有待承受的痛苦何其多！」正如我們一般所說的「有待完成」的工作，里爾克在此提出「有待承受」的痛苦。

對我們來說，有待承受的痛苦確實非常繁多。因此也有必要面對痛苦，當中即使隱藏著讓人突然「軟弱」的危險，也或許會暗自流淚，卻不必因此而羞愧。淚水反而證明了我們有最大的勇氣：有勇氣承擔痛苦！可惜了解這道理的人少之又少，他們只會偶爾汗顏承認自己又一次好好地放聲痛哭了。正如我曾經問過一位夥伴是如何讓（飢餓）水腫消失的？他向我承認說：「我用眼淚醫好的……」

生命中的期待

要在集中營內做心理治療或心理健康治療相當不易，如果情況許可，一般會從個人或集體性的治療開始。若是做個人心理治療，通常已成緊急狀態，亦即「救命」處理，主要在於預防自殺。假如患者已有試圖自殺的記錄，按營內規定是嚴格禁止施救，例如發現同伴上吊自殺，官方禁止我們「切斷繩索」救人，也因此，採取預防措施更形重要。

我還記得兩個案例，不僅可以做為實踐上述思考的例子，兩者間的相似處更令人訝異。患者為兩名男子，他們在談話當中都透露出自殺意圖，也都表達了「對生命不再有任何期待」的典型論調。我們對這兩人應該採取的措施，是讓他們領悟到生命對他們還有所期待，在他們未來的生命中還有些事物在等待他們。事實也果真如此，其中一人深深疼愛的孩子正在國外「期盼著」與父親團聚；等待著另一位的並不是一個人，而是一件事：他的著作！此人曾是一位學者，並已針對某個主題出版了一系列專書，整個計畫尚未結束，正等待他來完成。

著作的完成是別人無法取代的；正如前述那位父親，他在孩子心目中的地位也是無可取代。這種唯一性與獨有性，使每個人都各具特色，也賦予每個人存在的意義，它可以是一部著作，或任何具有創造性的成就，也可以是屬於個人的愛。這種個人的不可替代性正好清楚表示（存在於我們意識當中）其生命以及延續生存所必須承擔的責任。無論面對的是一部著作或是等待他的摯愛親人，一個人如果清楚意識到他的責任，便不可能會棄生命而不顧，因為他知道他「為何」而存在，因此也有忍受「任何」事物的能力。

一次的集體心理治療

由於營中做集體心理治療的機會相當有限，與其苦口婆心對患者闡明抽象的大道理，不如實際樹立一個典範來得有效！倘若營房長不是個攀炎附勢的小人，他便擁有千萬個機會，藉由本身剛正不阿與充滿勇氣的特質，對他所屬的囚犯發揮深遠的影響力。實際行動往往「說」得比言語更為響亮，更具立竿見影的效果。但另一方面，如果某個外力因素增強內在迴響時，旁人耳提面命尤其有功效。我便記得曾經有一次，由於發生了特殊的事件，大大提高了營房囚犯心理治療的意願，再利用集體訓話的機會加強治療效果。

那一天十分悲慘。集合廣場上才剛宣布自即刻起，所有以下行為都將視為陰謀破壞，並立即處以絞刑。官方所謂的犯罪行為包括：私自從舊毯子剪下小布條（我們多次拿來充當臨時裹腳布），或其他微不足道的「偷竊行為」等。幾天前正好有一名餓壞的囚犯忍不住闖入馬鈴薯倉庫，企圖偷幾公斤馬鈴薯。不料事跡敗露，而那名「竊賊」也被其他囚犯逮個正著。倉庫管理當局聞訊後即要求這些人將嫌犯交出，否則全營囚犯都得挨餓一天。不由分說，兩千五百名囚犯當然寧願接受禁食處分，也不會將他送上絞刑台。

禁食當晚，大夥兒都心情惡劣地躺在土寮內，沒什麼人說話，即使有人開口也充滿了怒氣。然後以下的事發生了：屋內突然熄燈，大家鬱悶的心情更是跌入谷底。而營房長，一位相當睿智的人，臨時編了一段小小的精神講話，令我們感慨萬千。他提到近日來因病或自殺而死的許多同伴，也提到這些死亡背後的真正原因：他們完全放棄自己了。他談了這個問題，還有我們究竟該如何阻止下一個悲劇發生——因為內心隱藏著自我沉淪的致命危機而走向絕路？他直接點名，想聽聽我的解釋！

天曉得，當時我一點都沒有做心理學解說或安慰鼓勵營房同伴的心情，更遑論精神治療了。我又冷又餓，不但疲憊，而且情緒惡劣。但我仍然得振作起來，好好把握這難能可貴的機會，因為要說鼓舞士氣的話語，此刻正是時候。

我是這樣開始的：首先以看似前景黯淡的未來做開場白，並且承認，每個人都可以計算出自己存活的機率是微乎其微。雖然我們這營區尚未爆發斑疹傷寒流行，但據我估計，自己倖存的機率大約只有百分之五，並坦白告訴大家！然而我也告訴他們，儘管如此，我並不灰心喪志，也不打算放棄希望。因為沒有人能預測未來，連下一個鐘頭都不知道會發生什麼事。我們雖不能期待明天的戰事會有重大演變，但憑著多年的集中營經驗，我們最清楚一個大好機會可能驟然降臨，至少對我們其中某些人來說，也許一個出乎意料的偶然機運，就可以被安排到工作環境特別好的勞動分隊去，或諸如此類，這些都關係到一個集中營囚犯的渴望或最大的「運氣」。

我並非只提到未來及其陰暗面（幸好這個未來當時尚未明朗化），我還提到當前的處境及一切苦難，更提到過去——我們生命中曾經有過的歡樂與光明，還照亮著現在的黑暗。我引用了某詩人的一句話：「你所經歷的一切，世間任何力量都無法剝奪。」[13]在我們過去豐沛生命經歷中實現的事物，其豐富的價值任何人也剝奪不了。不僅是我們的經驗，更包括我們做過的事、腦中的重要思維及承受過的痛苦。這一切都被我們化為真實，永遠存在。它也許會消逝，但其永遠保存在過去！因為過去也是一種存在的形式，是的，也許還是最安全的存在形式。

接著，我又談到許多讓生命充滿意義的機會。我告訴同伴（他們全都靜靜躺著，幾乎一動也不動，頂多偶爾發出一、兩聲嘆息），無論處在何種環境下，人的生命總是具有意義，這個無限的存在意義當然也包括了痛苦與臨終、困境與死亡。因此，我請求躺在漆黑營房裡專心傾聽的可憐同伴，正視我們當前的嚴峻處境，絕不可灰心氣餒，即使我們的奮鬥毫無希望，也無損其意義與尊嚴，時時保有勇氣。我繼續說，在此艱難的時刻，一定有

13 原文為：Was du erlebst, kann keine Macht der Welt dir rauben。此處推測作者可能引用的是奧地利詩人作家哈默林（Robert Hamerling, 1830-1889）的名言，其原文為：Was du erlebst, kann dir kein Gott mehr rauben（你所經歷的一切，神都無法剝奪）。

人帶著要求的目光俯視我們，一個朋友或妻子，一個活著或死去的人，或是你信仰的神。這些人期待我們別令他們失望，別自怨自艾，應以驕傲的態度來面對苦難與死亡！

最後我說，我們的犧牲絕對有意義，其意義就在於犧牲的本質當中，雖然在這世界上（這看重外在成就的世界）犧牲似乎無法成就任何目標，但無論為了一個政治理念或為了他人而自我犧牲，確實有意義存在。我們之中凡有宗教信念者，必能輕易體會。此外，我還舉出一位朋友的例子，他在初到集中營時便與上蒼立下誓約：希望他所承受的痛苦與死亡，能夠為所愛的人免去受盡折磨而死。對此人來說，痛苦與死亡並非毫無意義，身為犧牲者，反而深具意義。他不願毫無意義地承受痛苦與死亡；任何人也都不會願意！而此時此地，在這集中營房裡，此番話的目的無非是想在這絕望處境下，給予生命最後的意義。

我立刻就能感受到，我的努力有了代價。不久，營房陽台上的電燈泡又重放光明，眼看著身形憔悴的同伴淚水盈眶、步履蹣跚地硬撐到我面前，只為了向我致謝。我鮮少有一如當晚的內在力量，能夠振作起來，和我的難友做最後的交心；卻也不得不承認，我一定也**錯失**了許多這樣的機會。

營區衛兵的心理

談過了囚犯初抵集中營的報到驚嚇現象，以及真正營內生活的心理反應後，即開始討論囚犯第三階段的心理反應，亦即重獲自由後的心理觀察，然而在此之前，想順帶探討一個特殊問題，這是一般心理學家以及親身經歷集中營的學者也多次面對的問題：集中營衛兵的心理結構！同樣是有血有肉的人，怎麼可能如倖存者所描述的，會對他人凌虐施暴？聽過且完全相信這類報導的人，如果加以思考該現象的可能性，他一定會問：若以心理學的角度而言，這可能嗎？

如果我們不願深入研究，又想要回答問題，就必須釐清以下幾點：第一，如果以嚴格的臨床定義而言，有些集中營衛兵確實是虐待狂。第二，無論如何，這些虐待狂是特別挑選出來以組成嚴格的守衛隊。至於如何在大批囚犯間篩選共犯的助手及劊子手的奴隸，例如蓋保工頭的職位，我們在本書一開始已經談過，其道理不難理解，因為往往是具有殘暴狠毒的特性及自私的人格才容易生存下來，因此集中營裡除了負面篩選外，對虐待狂而言，也可以說還有所謂的正面篩選。

每當在酷雪嚴霜的壕溝地裡操勞了兩個多小時後，身上幾乎沒有任何禦寒衣物，如果獲准輪流站在由樹枝木屑堆成的小火爐旁取暖幾分鐘，大家興奮的心情可想而知。然而總是有幾個監工或領班，專門以剝奪我們這份小小的歡愉為享受，譬如私自禁止我們靠近火爐，或乾脆把火爐連同暖烘烘的炭火都打翻到雪地裡，從他們臉上的表情不難看出這種虐待狂式的滿足。要是黨衛軍看某人不順眼，他的下屬中總會有一個打手來折磨這名可憐的囚犯，正因為這個打手是出了名的心狠手辣，虐待起人來毫無顧忌。

第三點要注意的是，大多數營區衛兵由於經年累月目睹整個集中營的凌虐機轉運作，感覺早已鈍化、麻木不仁了。這些情緒已經僵化的人，雖然拒絕主動做出虐待行為，但也僅止於此，因為他們並不會阻止他人的殘暴。

第四，集中營衛兵當中也有所謂「叛變者」，在此僅以我個人在囚禁期最後所待的集中營指揮官為例，他當時是黨衛軍成員，直到集中營解放後才證實了他的善行。在此之前，僅集中營醫師一人（本身亦為囚犯）了解內情：這位指揮官秘密自掏腰包，只為了替營中囚犯從市集附近的藥局購買藥品，而且所費不貲！故事還有後續發展。獲釋後，猶太囚犯將這名黨衛軍官藏匿起來，以避開美軍的緝捕，並向美軍指揮官解釋，願意交出黨衛軍官的唯一條件是絕不可降罪於他，而美軍指揮官也以軍人的名譽保證不會對他不利。後來，美軍指揮官更重新任命這名黨衛軍為我們集中營的指揮官，負責為我們從附近民間村落籌措必要食品及衣物。

營房長本身也是囚犯，卻比所有黨衛軍更狠毒百倍，隨時隨地只要逮到機會便毆打囚犯；相反地據我所知，那位營區指揮官從未出手打過「他的」犯人。

總結以上觀察可得知：單憑此人是集中營衛兵或囚犯的身分，完全不足以判斷他的人格好壞。在任何一個人身上都可以發現人性的善良；換言之，即便是我們一般認定的惡人團體一分子，也不能以偏概全，畢竟善惡之人的界線交相重疊、無可劃分！因此我們也無法簡單地說：這些人是天使，那些人是魔鬼。相反地，身為衛兵或監督，能不隨波逐流、受到集中營生活誘導暗示的影響，而以人性對待囚犯，確實是個人與道德上的成就；另一方面，某個卑鄙下流的囚犯卻一再迫害他的難友，尤其令人不齒。這種毫無人格可言的無恥之徒特別令囚犯心痛。倘若一名囚犯從衛兵身上獲得些許人性的善意，則會令他深深震撼、銘感於心。每當我回想起一位監工（非囚犯）突然在某天偷偷塞給我一小塊麵包（我知道這一定是他從早餐配給中特地省下來的），也一定會想到，讓我感動落淚的絕非是這塊麵包、所謂物質層面的東西；那人當時給予我的是人性的溫暖，以及伴隨的人性語言和人性眼光。

從這些實例當中我們學習到一件事。世界上有兩個種族，而且只有兩種：一個「種族」是正人君子，另一個則是卑鄙小人。兩個「種族」的人散布各處，滲透到所有群體中。沒有任何一個群體是清一色的正人君子，也沒有任何一個群體是清一色的卑鄙小人，因此在這個意義下，沒有任何一個群體是「種族純正」的，所以集中營衛隊當中，自然也會有一、兩個正直的好人！

集中營生活無疑顯現了人性心靈深處的最底層。如果我們在心靈的最深層再度看見人性，而此處所謂的人性卻是善與惡的融合體，那該感到驚訝嗎？善惡的分水嶺跨越所有人類的存在，直達心靈的最深處，然後在最底層，一如在集中營裡完全顯露無疑。

截至目前為止，我們認識了也許是其他世代未曾認識的人。那麼人究竟是什麼？他是一個始終在決定事物的生命體，他是一個發明毒氣室的生命體；同時也是問心無愧、口中不斷祈禱走進毒氣室的生命體。

第三階段：獲釋後的囚犯心理

現在我們要來談集中營心理學的最後一個階段：獲釋後的囚犯心理。

若要描述這個獲釋經驗，必然會摻雜個人色彩，因此要回到本書前面曾經提過的那天早晨，也就是歷經了數天情緒緊繃後的早晨，集中營大門終於飄起了白旗。此刻，精神高度緊張後，隨之而來的是內在全然的鬆懈；但誰要是認為囚犯都懷著歡欣鼓舞的心情，那就大錯特錯了。究竟當時真相如何？

夥伴拖著疲憊的步伐，好不容易來到營區大門，雙腿幾乎撐不住自己的身子了。戰戰兢兢四處張望，心中滿是疑問彼此相視。然後試著邁出猶豫的第一步走出大門，這回沒有嚴厲的斥喝聲，也不必蜷縮成一團躲避拳打或腳踢。噢，不必了，這回反而有衛兵為我們遞上香菸。我們一時之間幾乎認不出這些從前的衛兵，因為此刻他們早已急忙換上便服。再慢慢沿著營區入口的道路跨出步子，立刻有人的腿疼起來，恐怕走不了幾步，大夥兒還是繼續強忍著痛蹣跚前進，因為我們都想看看集中營四周的陌生環境，或者說得更明白點：想以自由之眼，見見外面的世界。

就這樣，我們走進大自然，走進自由世界。大家不斷重複對自己唸著「走進自由」，卻無法理解什麼是真正的自由。多年來，「自由」這個字在我們的夢想渴望之中不斷遭受磨損，這個概念已經泛白褪色、失去光澤，不斷與現實對抗後，此概念已經消失了。也因此，眼前的真實情況還無法真正進入我們的意識中；一時間，我們就是還不能理解。

大家來到鮮花綻放的草地，雖然美景就在眼前，卻無法「心領神會」。直到有人發現一隻尾巴有著鮮豔羽毛的公雞，第一道小小的喜悅火花才在同伴間迸發。但火花散盡後，一切又復歸平靜，畢竟我們還不屬於這個美麗世界。大夥兒坐在一棵栗子樹下的長椅上，天知道人人臉上的表情究竟道出何種心情！唯一可以確定的是：這個世界還沒能讓大家留下印象。

當晚，大家又回到舊土寮，一位囚犯過來偷偷問了另一個同伴：「嘿，你告訴我，你今天很高興嗎？」這位同伴不知道大家的感受都與他相同，還自覺慚愧地回答：「坦白說，一點也不！」其實我們早已喪失了感受喜悅的能力，必須重新學習才行。

從心理學的角度而言，同伴對獲釋的心理反應明顯表現出人格解體（Depersonalisation）的現象。一切都如此虛幻、不真實，猶如一場夢境。人們還無法相信眼前的一切，因為在過去這些年裡，我們已有太多次被夢境欺騙愚弄的經驗，做過不知多少次自由之日來臨的大夢；夢見不知多少次熬到問候親友、擁抱妻子的還鄉之日；一同圍坐桌邊，唏噓這些年來的生死歷劫以及期待團聚之日的夢幻渴望？還慶幸朝思暮想的日子終於來臨了！然後，三聲命令「起床」的刺耳哨音直穿耳內，狠狠把我們從思慕的美夢中驚醒，再次證明了自由只是幻想的夢境。難道現在我們就該相信這不是夢？難道這一次，自由之夢真的成真了？

然而有一天，夢境成真了。身體所受的壓抑遠不如心靈嚴重，從獲得自由的第一刻起，只要身體狀況許可，便完全利用真實的自由，毫不遲疑：大家開始猛吃，成天成夜、數小時不停歇，可以吞下肚的東西竟然多到不可思議！如果有囚犯不知被附近哪個好心農人請去家中作客，大快朵頤之後，咖啡一下肚，他的舌頭就如脫韁的野馬，立刻開始滔滔不絕，好幾個鐘頭沒完沒了。多年來身上累積的壓力頓時解放，令人感覺他彷彿處在強大的精神壓力下，非得一吐為快不可。（我在其他人身上也觀察到類似現象，即便只是短期的沉重壓力，例如被蓋世太保秘密警察審問。）

許多天過去了，不光是舌頭完全鬆懈了，連心中長期累積的壓力也釋放夠了，從前內在意識中構築的障礙突然打開了一個缺口，這才感到豁然開朗。釋放多天後，你走過數公里遠的無際田野，穿過花朵點綴的長長道路來到集中營附近的市集。見到雲雀展翅高飛，牠的歌頌歡呼在曠野間響徹雲霄。視線所及杳無人跡，擁抱你的是一片遼闊的天地、雲雀的讚美歌聲，還有自由的空間。忍不住停下腳步，環視你的四周，再仰望蒼天，然後跪下。

此刻，你突然對自己一無所知，也不再認得這世界，只聽見來自心中的聲音，不斷重複著一句話：「我從桎梏的困境中呼喚著上帝，而祂卻在自由的空間下回應了我。」究竟你在那裡跪了多久，這句話在口中重複了幾次，腦中已不復記憶。然而，就在彼時彼刻開啟了你的新生命——這點你卻記憶深刻。你一步又一步，緩緩踏進這個新生命中，重新成為一個人。

獲釋．重生

從集中營生活最後幾天的精神高度緊繃狀態，從神經戰終於回歸平靜的這條路，絕非外人所想像的平坦順暢。如果我們認為自集中營獲釋的囚犯不再需要精神上的關懷照料，那就大錯特錯。首先我們要考慮到：長期處在如集中營環境這樣極大精神壓力下的人，特別是由於獲釋而突然釋放壓力，同樣會危及囚犯的精神。這種危險（以心理衛生的角度而言），其實就是所謂的心理潛水員症（減壓過急症）。正如潛水工作者一旦驟然離開壓力艙（他處在極高的空氣壓力下），便會威脅到身體健康狀況一樣，一個人的精神壓力如果瞬間獲得紓解，反而有可能會損害他的心理健康。

尤其處在這心理階段中性格較質樸粗野的人，會發現他們的精神狀態仍一貫受到過去的強權與暴力影響；只不過現在身為自由人，他們便以為可以不假思索、肆無忌憚濫用權力與自由。對於這類原始粗野之人來說，只是舊有的規範改觀了，原來的負面事物搖身一變成了正面：從強權、暴力、獨斷與不公的客體，一夕之間轉換成主體；但本質上，他們仍舊以過去的經驗為準則，這種性格反應經常表現在看似微不足道的小事上。

例如有一回，我和同伴越過田野走回解放不久的營區，面前赫然出現一片青翠的秧苗田。我不由自主繞道而行，同伴卻一把抓住我的胳臂，推著我穿過苗田，我結結巴巴地說，不應該踐踏這些幼苗。不料他卻勃然大怒，眼中閃爍著憤恨的光芒對我咆哮：「你為什麼不想想，我們被奴役得還不夠嗎？我的妻兒都進了毒氣室，其他的就不必說了，而你現在居然要禁止我踩壞幾根燕麥草……」

遇見這樣的人，只能慢慢開導，讓他再度找回平凡的真理，也就是任何人都沒有權利做不公不義的事，即使是遭到不公平對待的受難者。我們必須努力讓這些人找回真理，因為悖離真理的後果，很可能會比不知名農人損失幾千粒麥子還要嚴重百倍。譬如我對營中一位夥伴便還記憶猶新，他捲起袖子，伸出赤裸的右手對我大吼：「等到我回家那天，這隻手要是沒沾滿血跡，我就讓人把它剁了！」但我必須在此強調，說這話的人本性不壞，無論在營中還是獲釋後，他一直是我最好的夥伴。

除了因心理壓力驟減造成的人格畸形威脅外，還有兩種經驗也可能危及、損害並導致畸型人格：以自由人身分回到往日的正常生活，他很可能會產生憤世嫉俗與失望的徵兆。

之所以憤世嫉俗，是因為囚犯故鄉背景下的某些社會生活現象所引起。如果一個人歷經千辛萬苦回到故鄉後才發現，鄉人頂多只是聳聳肩或說些敷衍安慰的話，便不難令他產生憤世嫉俗的傾向而不禁自問：究竟他承受這樣大的苦難所為何來？如果所到之處聽見的都是老套的「我們並不知情啊……」，或是「我們也受了許多苦……」，那麼他會自問，難道他們能說的就只是這些？

失望的經驗不同，並非由於別人，而是命運的捉弄。別人的膚淺或遲鈍，讓人恨不得躲起來，不再理睬周遭世界。多年來，他一直堅信自己已經走過痛苦的最低點，現在卻必須認清一件事，痛苦原來是個無底深淵，似乎沒有絕對的最低點，還可以不斷向下沉淪，永無止盡。

前面曾經提到，若要給予營中囚犯精神上的扶持，使他們重新振作，首先必須要為他們點出一個未來的目標，讓他不斷意識到生命對他還有所期待，還有一個人在等著他。然後呢？如今某些囚犯必須面對一件殘酷的事實：已經沒有人在等待他了。

如果集中營囚犯失去支撐下去的唯一目標——摯愛的人早已不存在了；如果他此刻真正面對的，與他魂縈夢繫、朝思暮想的景象完全相反了呢？他登上電車，回到多年來心靈中，而且只存在心靈之中的熟悉家園，按了門鈴，一如他在夢中演練過千百遍的……可是，開門的人卻不是原本應該來開門的人，因為他永遠也不會來開門了……。

所有在集中營裡的人都知道，並且經常對彼此說：這世界上沒有任何幸福，足以彌補我們承受過的一切苦難。我們從不祈求這樣的幸福；支撐我們活下去，讓我們的痛苦、犧牲與死亡有意義的，並不是幸福。雖然如此，我們幾乎沒有面對不幸的心理準備。大多數重獲自由的囚犯都注定要接受這樣的命運，面對失望的打擊，這種經驗相當難克服，從精神醫療的觀點來看，也確實很難幫助他們撫平傷痛。儘管如此，心理醫師不應就此灰心，反而該當成鼓勵的動力，因為它象徵著一項使命。

無論如何，囚犯若有朝一日獲釋，回顧整個集中營的生活經驗時，必定會產生一個奇特的感覺：他突然無法理解自己是如何熬過來的。如果他生命中有那麼一天（重獲自由的那天）在他看來像是一場美夢；同樣地總有一天，他在集中營的種種經歷也都將如一場噩夢。這些重返家園的人更能體驗到甜美：歷經了種種苦難，除了他的上帝之外，他再也不必心懷恐懼了。

第二部

概論意義治療法

讀完我那簡短的自傳後，讀者往往會要求我更完整、更直接地解釋我的治療理論。因此，我在原版的《從集中營說到存在主義》（*From Death-Camp to Existentialism*）[1]裡，簡短介紹了意義治療法，但這還不夠；我還沒有滿足讀者的要求，他們希望能有更深入的解說。因此，我幾乎重寫這個版本，更加詳細描寫了我的經歷。

這項作業可不容易：原先用德文寫了二十冊的資料，要濃縮在狹小的篇幅內並讓讀者了解，幾乎是不可能的任務。我想起某次有位美國醫生來到我在維也納的辦公室，他問我：「醫生，您是心理分析師嗎？」我回道：「不算是心理分析師，應該說是心理治療師。」

他接著問我：「您代表哪個學派？」

我說：「這是我自己的理論，叫做意義治療法。」

「您能用一句話解釋意義治療法是什麼嗎？至少說明心理分析跟意義治療有什麼不同？」他問道。

「可以，」我說，「不過，首先能否請您用一句話告訴我，心理分析的精華是什麼？」他的答案如下：「在心理分析的過程中，患者一定要在沙發上平躺，把那些或許不太愉快的事都對您說。」我緊接著即興回道：「在意義治療的過程中，患者可以選擇坐起身，但他一定得聽些或許讓人不太愉快的話。」

當然，這只是博君一笑，不是真正的意義治療法濃縮版。不過，這也沒說錯，相較於心理分析，意義治療本身確實是少了些回顧與內省。意義治療法著重的反而是未來，也就是著重於患者未來所要實現的意義（意義治療法確實是個以意義為基調的心理治療法）。同時，意義治療法也不再將焦點著重於精神官能症發展過程中，扮演舉足輕重角色的「惡性循環作用」與「回饋機轉」。因此，精神病患者的自我中心心態將被瓦解，不再增強、惡化。

是的，這種說法確實過於簡單。然而，在接受意義治療的過程中，患者得面對並重新導向自己的生命意義。意識到這個意義，將有助於克服精神官能症。

容我解釋為何將自己的理論取名為「意義治療法」（logotherapy）。希臘文的 Logos 表示「意義」。意義治療法不僅著重於人類存在的意義，也重視人類對此意義的追尋，有些作者也稱它為「維也納第三心理治療學派」。按意義治療法看來，人窮極一生追尋意義的努力，正是人類最原始的動力。這也是為什麼我強調的是追尋意義的意志，與佛洛伊德心理分析法所關心的「快樂原則」（也可稱為追尋快樂的意志），以及阿德勒心理學派所著重的「追尋權力的意志」（又稱為追求卓越）皆形成對比。

1 英文版初名。

追尋意義的意志

人對意義的探索是生命最原始的動力，不是因為本能驅策力才「繼而產生的合理化作用」。這般意義是如此獨特與明確，非得當事人本身才能圓滿，也唯有如此，獲得的意義才能滿足他自己追尋意義的意志。有些作者主張意義與價值「不過是心理自衛機轉、反向作用與昇華作用」。但是，就我個人而言，我不會願意單為「心理自衛機轉」而活，也不想單單為了「反向作用」而死；然而，人類卻能夠為了自己的理想與價值而活，甚至為之而死！

幾年前，法國舉行了一項民意調查。結果顯示，接受民調的群眾裡，百分之八十九的人認為活著需要「某種目標」。除此之外，百分之六十一的人承認生命裡有某些事或某個人，會讓他們願意為此犧牲性命。我在維也納醫院由自己帶領的神經科裡也做了相同的民調，調查對象是患者與員工，而結果就跟法國調查的數千人幾乎相同；兩者的差距只有百分之二。

另一項統計調查是針對四十八所大專院校、共七千九百四十八名學生，由約翰霍普金斯大學的社會科學家進行。初步報告來自美國國家心理健康研究院贊助的兩年期研究。問及對他們來說「非常重要」的事物時，百分之十六的學生勾選「賺大錢」；百分之七十八的學生表示，他們的首要目標是要「找到生命的目的與意義」。

當然，有些時候，人之所以在乎價值，只是為了掩飾內心的矛盾。但若是如此，則代表了常規的例外現象而非常規本身。在這種情況下，我們就得應付這類假性價值，揭露這樣的假象。然而，揭露的行為應該在當事人正視人類最真實、最真誠的價值後立即停止；例如：人類渴望生命能盡量有意義。若不就此住手，「進行揭露行為的心理師」真正揭露的也不過是他自身的「隱藏動機」：他潛意識地貶低與輕視人類真正的本質、真正的人性。

存在的挫折

人類追尋意義的意志也可能受挫，在意義治療法裡，這稱為「存在的挫折」。「存在」一詞有以下三種用法：用來表示(一)存在本身，即：具體的人類形態；(二)存在的意義；以及(三)努力為個人存在尋找具體的意義，也就是追尋意義的意志。

存在的挫折也可能導致精神官能症。意義治療法為這類精神官能症創造了「心靈性精神官能症」（noögenic neuroses）一詞，用以區別傳統精神官能症的概念，意即心因性精神官能症（psychogenic neurosis）。心靈性精神官能症的起因不是心理的，而是人類存在的心靈性（noölogical 源自希臘文的心靈〔noös〕）層面。這是另一個意義治療用語，用於指稱與具體人類範疇相關的一切。

心靈性精神官能症

慾望與直覺相互矛盾並不會引發心靈性精神官能症，存在的問題才會。在這些問題中，追尋意義的意志受挫占了相當大的原因。

從心靈性的個案中，能明顯看出最適當、適足的療法絕非一般治療，而是意義治療法：這是一種膽敢明確介入人性面的治療。

我要引述以下個案。一位高階的美國外交官來到我在維也納的辦公室，想繼續進行五年前在紐約與心理師展開的心理分析治療。一開始我就先問他，為何覺得自己需要做心理分析，當初又為何會展開心理分析？原來這位患者對自己的職業生涯不滿，覺得要遵守美國外交政策是件相當困難的事。不過，他的心理師卻只是反覆說服他試著與父親和好，因為美國政府、他的長官，都「不過是」父親的投射，因此，對工作不滿也是因為他潛意識地對父親懷恨在心。

透過長達五年的心理分析，病患愈來愈能接受心理師的解讀方式，最後再也無法超越那些符號、影像，無法看清事情的真相。經過幾次面談後，我發現他追尋意義的意志顯然因為工作而受挫，他甚至渴望能轉行。我認為他也應該放棄當時的工作；他也相當滿意後來的效果。根據他最近回報的消息，五年來，這份新工作讓他非常滿足。在這樣的情況下，我不認為自己面對的是個精神官能症個案，也不認為他需要任何心理治療，更遑論意義治療。原因很簡單：他根本不是病人。

並非所有衝突都起因於精神官能症，某些程度的衝突是正常的，甚至是健康的。同樣的，苦痛並非總是病態的現象：與其說苦痛是精神官能症的症狀，不如說那很可能是人為的結果，特別是如果這苦痛源自於存在的挫折。我要堅決否認，人類尋求存在的意義，或甚至質疑自己的存在，會導致或源自任何疾病。存在的挫折本身既不病態也不會造成疾病。一個人對生命價值的擔憂或絕望，是存在的沮喪，但絕非心理疾病。就後者來看，若將挫折解讀為病態，很可能會使醫生將患者存在的沮喪全埋藏在成堆的鎮定藥物下。但是，他的任務應該要帶領患者走過成長與發展的存在危機。

意義治療視自己的任務為協助患者找尋生命的意義。由於意義治療會讓患者意識到自己存在的隱藏意義，這便成了分析的過程。從這個角度來看，意義治療與心理分析很像。然而，意義治療法設法喚回這般意識時，絕不侷限於探究個人潛意識本能的事實，也重視存在的現實，例如他的存在所要滿足的潛在意義及追尋意義的意志。不過，無論何種分析，就算在治療過程中避免涉及心靈的層面，也都是想幫助患者意識到他的人生最終的渴望是什麼。意義治療與心理分析的差異在於，意義治療認為人最在乎的是圓滿生命的意義，不僅只想滿足慾望及本能而感到滿足與喜悅，不僅想調解本我、自我與超我需求的衝突，也不僅是對社會、環境的適應與調整。

心靈動力學（Noö-Dynamics）

沒錯，探索意義可能會造成內心壓力而非達成內心平衡。不過，這種壓力正是精神健康不可或缺的大前提。我膽敢說，世界上唯有知道生命的意義，才能幫助人度過最壞的情況。尼采的話相當有智慧：「知其為何而活者，幾能肩負一切。」我從這句話中找到適用所有心理治療法的座右銘。在納粹集中營裡，人們見證了那些知道自己有任務要達成的人，最有能力存活。其他撰寫集中營相關書籍的作者也達成了相同的結論，此外，對日本、北韓、北越戰俘營做的精神調查也顯示如此。

至於我本身，當我被帶到奧許維茲集中營，已準備要出版的手稿卻遭到沒收[2]。的確，我內心深處對重寫這份手稿的渴望，幫我熬過身處集中營的艱苦遭遇。舉例來說，我在巴伐利亞的集中營時染上了斑疹傷寒，我在一張張碎紙上筆記，如果活到自由的那天，就能用來重寫手稿。我很肯定，在巴伐利亞集中營黑漆漆的營房裡重現失去的手稿，確實幫我克服了心血管萎縮的危險。

因此，精神健康可說是仰賴著某種程度的壓力，在個人「已達成」與「仍要達成的目標」，這兩者間的壓力，也可說是個人「已成為」與「應該成為」的樣貌間之落差。這樣的壓力是人類與生俱來的，對精神健康不可或缺。因此，我們也無須躊躇，應當以該圓滿的潛在意義作為人類的挑戰。唯有如此，我們才能從潛伏的狀態中喚醒他追尋意義的意志。

將平衡認定為人類的首要需求，或如生物學所稱「恆定」，即無壓力狀態，我認為是對心理衛生非常危險的誤解。人類真正需要的不是無壓力狀態，而是掙扎、努力追求值得的目標，以及個人自行選擇的任務。他需要的不是不計代價地釋放壓力，而是待他去實現潛在意義的呼喚。人需要的不是恆定，而是我所謂的「心靈動力學」，即壓力極區的存在動力學，一端是等待實現的意義，另一端是實現意義的人。千萬不要以為這只適用正常的情況，套用在精神官能症患者身上更可印證。建築師如果想加強頹圮的拱門，就會增加堆疊其上的重量，讓各部位更加緊密相接。所以，心理師如果想促進患者的心理健康，就不該害怕適度增加壓力，重新將患者導向個人生命意義。

說明了意義導向的正面影響後，我要來談談現在多數患者所抱怨的感覺及其造成的不良影響，即：患者覺得人生完全、根本沒有意義。他們沒有察覺值得為之而活的意義，滿腦子想的都是自己內心的空洞、內在的空虛。他們受困於我所謂「存在的空虛」（existential vacuum）狀態。

2 作者注：那是我第一本書的初版，英文版由紐約 Alfred A. Knopf 於一九九五年出版，英文書名為：The Doctor and the Soul: And Introduction to Logotherapy.

存在的空虛

存在的空虛是二十世紀普遍的現象，原因很可能是人類演化後經歷的雙重損失。人類歷史開始發展時，人失去了某些基本的動物本能，而動物行為潛藏其中也賴此感到安全可靠。這種安全感就像天堂一般，永遠禁止人類進入；人必須自己做抉擇。不過，除此之外，人也承受著另一種損失，過去支持其行為的傳統已迅速消失。沒有本能告訴他要做什麼，也沒有傳統告訴他該做什麼；有時候，他甚至不知道自己想要做什麼。於是，他可能會想做跟大家一樣的事（盲從因襲），要不就做大家要他做的事（極權主義）。

近來的統計調查顯示，我的歐洲學生中有百分之二十五出現算是明顯的存在的空虛。我的美國學生則不是百分之二十五，而是百分之六十。

存在的空虛多半在無聊時最易顯現。現在我們就能了解叔本華為什麼會說，人類顯然注定要在痛苦與無聊的兩極間永恆擺盪。事實上，無聊比痛苦更容易產生問題，為心理師帶來麻煩。這些問題也愈來愈重要，因為透過自動化，應該會大幅增加一般工人的休閒時間。可惜的是，這些人大多不知道該如何運用新獲得的自由時光。

比方說，我們來看看「星期天恐懼症」。會發生這種憂鬱症的人，是那些意識到忙碌慌亂的平日已過，生活變得空洞無比，而內心愈顯空虛。很多自殺的例子都可歸因於存在的空虛。若沒能辨別那最根本的存在的空虛，就無法理解憂鬱、攻擊、上癮這類普遍現象。

領養老金與年邁者面臨的危機也是如此。

除此之外，存在的空虛也會出現在各種面具與偽裝下。有時追尋意義的意志會受挫，由追尋權力的意志取而代之，這也包涵了追尋權力的原始面貌——追尋財富的意志。有些時候，追尋意義的意志受挫後，會由追尋快樂的意志所取代。這就是為什麼存在的空虛往往導致以性為代償。從這些情況來看，我們會發現存在的空虛中，性慾氾濫。

精神官能症個案中也會發生相似的情況，稍後我還會提到特定回饋機轉與惡性循環作用的類型。然而我們能一再看出，這些症狀已侵襲了存在的空虛，並在其中茁壯。在這類患者身上，我們要應付的不是心靈性精神官能症。不過，如果不用意義治療法補強心理治療，我們也無法成功幫患者克服病情。只要把存在的空虛填滿，就能避免患者再次復發。因此，意義治療法不僅如上所述可應用於心靈性精神官能症個案，也可應用於心因性精神官能症個案，有時甚至可應用於生理性（假性）精神官能症（somatogenic neurosis）個案。從這個角度來看，便可映證馬格達·阿諾（Magda B. Arnold）曾說過的話：「無論多狹隘，所有治療在某種程度上也必定都是意義治療。」[3]

我們現在來想想，若患者問他生命的意義是什麼，我們能做什麼。

3 作者注：Magda B. Arnold and John A. Gasson, *The Human Person*, Ronald Press, New York, 1954, p. 618.

生命的意義

我不覺得有任何醫生能概括回答這個問題。畢竟生命的意義因人而異，每天、每小時的意義也都不同。因此，重要的不是廣泛的生命意義，而是人生當下的具體意義。如此概括地提出此問題，就好比問西洋棋冠軍：「大師，請告訴我，世界上最好的棋步怎麼下？」除非是比賽中的特定情況，或對手有特定人格，否則根本就沒有所謂最好的棋步，連好一點的都沒有。人類的存在也是如此。人不該追求抽象的生命意義。每個人都有自己明確的天職或人生使命，各自得要執行、實現的具體任務。那時的他不可取代，他的人生也沒有人能重複。因此，每個人的任務，都像執行任務的特定機會那般獨一無二。

由於人生所有境遇都代表對人的挑戰，也是待解決的難題，生命的意義這命題很可能會完全顛倒。說到底，人不該問生命的意義是什麼，而是要先認清，是生命對他有何期待。簡單說來，人人都被生命質疑，唯有為自己的人生作答，才能回答生命的問題；負責任是他回應生命的唯一方式。因此，意義治療將負責的態度視為人類存在的本質。

存在的本質

意義治療法的絕對命令（categorical imperative）[4]也反映了其強調的負責態度，此命令為：「假設生命已重來，而你又即將重蹈之前的覆轍！」我覺得，這是最能激發負責態度的限度，讓他先想像當下已成過去，接著再想像還能改變、彌補過去。這樣的格言顛覆了他原先的認知，不再認為生命是有限的，而是可以改變人生、自己創造的結局。

意義治療法努力幫助患者清楚意識到自己負責的態度，所以得讓他自己決定，他認為自己是為了什麼、對什麼、對誰而負責。這就是為什麼意義治療師最不願將自己的價值觀強加於患者，因為他絕不允許患者將判斷的責任推給醫生。

因此，患者得自行決定，是要將人生的使命解讀為對社會負責，還是對自己的良心負責。然而，還是有些人不將人生僅僅解釋為分配給自己的任務，還認為人生同時也是分配任務的工頭。

意義治療法既不是講學也非傳道，與邏輯推理或道德勸說都有著天壤之別。若以扮演的角色為比喻，意義治療師扮演的是眼科專家而非畫家。畫家想用繪畫向我們傳達他眼中所看到的世界；眼科醫師則設法讓我們看到世界的真實模樣。意義治療師的作用更開闊患者的視野，讓他意識到、看到全面的潛在意義。

我之所以主張人類必須為生命負責，且必須實現生命的潛在意義，是想要強調，生命真正的意義要在這世上尋找，而非從個人或精神層面尋找，這不是個封閉系統。我稱這基

4 又做定言命令、無上律令，十八世紀德國批判哲學家康德的倫理學中所提出，指對一切行為者是無條件的或絕對的道德律。

本的特性為「人類存在的自我超越」。強調一個人的生命意義，意味著奉獻自己，成就自我之外的人或事，不管是待圓滿的意義，或遇見他人。人愈是忘記自己、為理想或愛他人而奉獻自己，便愈加有人性，也愈能實踐自我。所謂的自我實現根本是無法達成的目標，原因很簡單，人愈是努力就愈會失去自我。換句話說，唯有達成自我超越，才可能做到自我實現。

至此，我們已證明生命的意義永遠在變，卻也永遠存在。根據意義治療法，我們知道要發現生命的意義有三種不同的方法：一、創作或立下功績；二、體驗某事或遇見某人；三、我們對不可避免的苦痛所採取的態度。第一種方式，立下成就或功績這種方法顯而易懂。第二、三種方式則需要進一步說明。

第二種尋找生命意義的方式，是藉由體驗某事，例如真、善、美，來體驗自然、文化，以及最重要的——藉由愛人來體驗他人的獨特之處。

愛的意義

唯有透過愛，才能理解他人的人格核心。除非愛對方，否則沒人能完全了解他人真正的本質。有了愛，他才能看見愛人最根本的特質與特色，而且還能看出尚未實現，但應該實現的潛力。除此之外，藉由這份愛，愛人者可以幫助被愛者實現這些潛力，藉由幫助他人意識到自己能成為、該成為什麼樣的人，就能實現這些潛力。

在意義治療法裡，愛不僅可解讀為性驅策力產生的副現象[5]，或所謂昇華作用中的直覺。愛與性同樣都是主要現象。一般來說，性是表現愛的方式。只要（一旦）性成了愛的媒介，便顯得情有可原，甚至神聖。因此，愛不單是性的副作用，相反地，性是經歷這種無比親密感的表達方式，這種感覺又稱為愛。

第三種尋找生命意義的方式是受苦。

受苦的意義

我們千萬不能忘記，即便面對絕望、面對無法改變的命運，也能找到生命的意義。因為，此時的重點是要見證人類將獨有的潛能發揮到極致，將個人的悲劇轉化為勝利，將個人的困境轉化為人類的成就。如果我們再也無法改變現況（例如無法開刀的癌症這類絕症），便是挑戰改變自己的時候。

我要引用一個清楚明確的例子。有回，一位年長的家庭醫生因為患有嚴重的憂鬱症，而前來找我諮詢。他畢生最愛的妻子兩年前過世，往後他始終無法釋懷。好，我該怎麼幫他？我該對他說什麼？我忍住什麼都沒對他說，反而直接問他：「醫生，如果是你先過世，

5 作者注：副現象（epiphenomenon）是隨著主要現象所產生的附帶現象。

而你妻子得獨自活著，那怎麼辦？」

「噢，」他說：「這對她來說一定很可怕，她一定會很痛苦！」

這時我便回道：「你看，醫生，她免於受這種苦，就是因為你讓她不用受苦。沒錯，代價的確就是你得獨活、哀悼她。」他不發一語地握了握我的手，然後平靜地走出我的辦公室。從某方面看來，苦痛一旦找到意義便不再是苦痛，例如犧牲的意義。

當然，這不是什麼真正的治療，因為，他的絕望不是病；再者，我無法改變他的命運，無法救回他的妻子。但是，當下我的確成功轉換了他的態度，來面對無法改變的命運。從那時開始，他至少可以從苦痛中找到意義。意義治療法的基本原則就是，人最在乎的不是享樂或逃避苦痛，而是在生命中找到意義。這就是為什麼人類甚至做好準備要受苦，當然前提是他受的苦要有意義。

但我要把話說清楚，並非一定要受苦才能找到意義。我只是要強調，即便受苦也能找到意義，當然前提是這苦痛無法避免。不過，如果可避免，還是免除苦痛的肇因比較有意義，無論是心理、生理或政治因素。受不必要的苦，是自虐而非悲壯。

喬治亞大學心理系教授伊迪絲・魏斯可夫—卓爾森（Edith Weisskopf-Joelson）過世前，在關於意義治療的文章裡主張：「我們現有的心理衛生哲學強調，人應該是快樂的，不快樂是適應不良的症狀。這種價值觀很可能就是為什麼人會因為不快樂而感到不悅，進而使得無法避免的不快樂變得更加沉重。」[6]她在另一份報告裡表示，希望意義治療「能有助於矯正當今美國文化不健康的潮流。從前那些無藥可救的受難者幾乎沒有機會對自己受的苦感到自傲，無法感到高尚反而覺得丟臉，」以至於「他不僅不快樂，更因為不快樂而感到羞恥。」[7]

有些時候，人會失去工作或享受人生的機會，而且，人也無法永遠不會受苦。如果能接受挑戰、勇敢地受苦，生命直到最後一刻都會有意義，且到最後都會保有這樣的意義。換句話說，生命的意義是無條件的，甚至能從無法避免的苦痛中體會出潛在的意義。

容我回想集中營那段日子裡我最深刻的經歷。從集中營生還的機率比二十八分之一還低，有確切的統計數字可為證。當時的情況幾乎不可能（也沒有希望）救回我到奧許維茲時藏在外套裡的第一本書手稿。於是我得忍受、克服失去我智慧結晶的痛。當時看來，似乎沒有什麼能讓我繼續活下去。我既失去了真正的孩子，也失去了我的智慧結晶！於是我發現自己遭遇了困境：在這樣的情況下，我的人生是否就此失去所有意義？

當時我還沒發現，這個讓我掙扎許久的問題早已有解答，而且不久之後我就會得到答

6 作者注："Some Comments on a Viennese School of Psychiatry," *The Journal of Abnormal and Social Psychology*, 51（1955）, pp. 701-3.

7 作者注："Logotherapy and Existential Analysis", *Acta Psychotherapeutica*, 6（1958）, pp. 193-204.

案：當時，在我之前的一位囚友剛到奧許維茲火車站就被送往毒氣室，我從他身上接收他穿爛的破布，並交出自己的衣服。那時我得到了答案。雖然我的多頁手稿沒了，卻從剛拿到的外套口袋裡找到從猶太祈禱書裡撕下的一張紙，上面印的正是最重要的一段猶太祈禱文「以色列阿，你要聽」[8]。這正是要激發我真正實踐那些構想，而非僅僅寫在紙上。除此之外，還有其他方法能解釋這種「巧合」嗎？

我還記得，不久之後，我覺得自己將不久於人世。然而在這樣危及的情況下，我所關心的卻跟多數夥伴不同。他們的問題是：「我們能活著離開集中營嗎？如果不行，那受這些苦就沒有意義了。」困擾我的問題則是：「周遭這些苦痛、死亡，有沒有意義？如果沒有，那最終活下來也沒有意義；因為，這種仰賴偶發事件（例如能不能逃出去）才有意義的人生，根本不值得活。」

形而上的臨床問題

現代精神科醫師愈來愈常碰到的求診問題，是患者對於人為何存在的疑問，而非精神官能症的症狀。時下有許多找上精神科醫師的人，過去都是找牧師、神父或猶太拉比。他們現在往往不願意改找神職人員，反而拿「我的人生有什麼意義？」這類問題逼問醫生。

演劇意義治療

我要引用以下的例子。有位自殺未遂的母親送進我的醫院，她有個兒子在十一歲時過世了。寇特．克庫瑞特醫生（Dr. Kurt Kocourek）邀請她加入治療團體，而我當時正好踏入他進行演劇心理治療[9]的地方。那位母親正在訴說自己的故事。小兒子死後，就剩她與因小兒痲痺而殘廢的大兒子相依為命。可憐的男孩到哪裡都得坐輪椅，她母親決定反抗自己的命運。原本她打算帶著兒子一起自殺，但殘廢的兒子竟然阻止她——他喜歡活著！對他來說，人生仍舊有意義。為什麼對他母親來說不是如此呢？她的人生要如何才有意義？我們要如何幫助她意識到生命的意義呢？

我即興加入討論，問了團體裡另一位女子問題。我問她幾歲，她說：「三十。」我回道：「不對，妳不是三十歲，而是八十歲，正值臨終之際。妳現在正在回顧自己的人生：沒有孩子，但是經濟寬裕，在社會上又有名望。」

接著我請她想像在這種情況下，她會有什麼樣的感受。「妳會怎麼想？妳會對自己說什麼？」

8〈申命記〉第六章四到九節。

9 一種團體心理治療的方法，藉由角色扮演幫助成員（尤其是主角）對自身的問題產生新的看法與領悟。演出過程中，主角可藉著演出自己的事件得到幫助，其他成員也獲益良多。

我要從當時錄下的錄音帶裡，引用她說的話。「噢，我嫁給了億萬富翁，這輩子過得輕鬆又富有，好好享受了一番！我跟男人調情，調戲他們！但現在我八十歲了，一個孩子都沒有。老了之後回頭看，我完全不懂那到底是為什麼。事實上，我覺得我的人生非常失敗！」

接著，我請那位有殘廢兒子的母親，想像她也這樣回顧自己的人生。讓我們聽聽錄音帶上的她怎麼說：「我很希望有孩子，而這個希望成真了；然而一個兒子死了，另一個殘廢的兒子若不是有我照顧，就會被送進教養院。雖然他殘廢又無能，但他畢竟是我的兒子。所以我盡可能讓他的生命完整，我幫助兒子成為更好的人。」

這時候，一陣痛哭聲響起，她哭著繼續說：「至於我自己，我可以平靜地回顧我的人生；因為我的生命充滿了意義，我很努力地讓生命圓滿；我盡了全力，也為兒子盡了全力。我的人生一點都不失敗！」想像自己在臨死之前回顧人生，讓她得以看出其中的意義，這意義甚至囊括了她承受的所有苦痛。不過，相同地也可明顯看出，短暫的生命，例如她那死去兒子的人生，是充滿了歡樂與愛，可能比長達八十年的人生還要有意義。

過了一會兒，我繼續問另一個問題，這次對象是整個團體。我的問題是，由於人類必須開發小兒痲痺症血清而使黑猩猩不停接受注射，那牠會不會有一天能夠了解牠受苦的意義？所有人一致回答不會，因為牠的智力有限，根本無法進入人的世界，換言之，唯有在這個世界裡，才能了解自己受苦的意義。於是我接著問下個問題：「那人類呢？你確定人類世界是宇宙進化的終點站嗎？難道沒有想到還有另一個次元，人類世界之外的世界，在那裡可以找到人類受苦的終極意義？」

終極的意義

終極的意義超越、跨越了人類的智能極限，我們在談及意義治療法理論及終極意義時，便是以此為基礎；不像某些研究存在主義的哲學家主張的要忍受生命的毫無意義，而是要接受自己無法在合理範圍內，掌控這無條件的意義。意義比邏輯還要深奧。

一旦超越了終極意義的概念，精神科醫師遲早會因自己的限制而感到尷尬，就像我女兒六歲時提出的問題，也讓我很尷尬：「我們為什麼要說仁慈的上帝？」當時我回答：「幾個星期前妳得了麻疹，然後仁慈的上帝讓妳康復了。」不過這位小女孩可不滿足，她反駁：「可是爹地，不要忘了喔，一開始也是祂給了我麻疹。」

不過，患者的宗教信仰若相當堅定，就不該拒絕運用他的信仰增添治療效果，善用他的精神支柱。想要這麼做，精神科醫師可以先站在患者的角度。舉例來說，我就曾經這麼做過，有位東歐的猶太拉比來找我，告訴我他的故事。他的第一任妻子與六個孩子都死於奧許維茲集中營的毒氣室，現在卻發現他的第二任妻子不孕。我發現生育不是生命唯一的意義，如果是這樣，那麼生命就毫無意義可言了，而沒有意義的東西並不會因為永恆不朽而變得有意義。不過，猶太拉比以正統猶太教徒的角度來衡量他的困境，發現他的悲傷是在於死後沒有兒子能為他背誦頌禱詞[10]。

但是我不肯放棄。我最後一次試著幫他，問他是否想到天堂再次見到他的孩子。不過，我的問題卻引來他一陣大哭，他感到悲傷的真正原因至此浮現。他說自己的孩子因為很年輕就無罪犧牲[11]，因此獲得進入天堂的殊榮，但身為有罪的老人，他不覺得自己也能進入天堂。我沒有放棄，反駁道：「拉比，難道你不覺得，這就是你活得比孩子久的原因？這些受苦的歲月能淨化你，就算你不如孩子般無辜，最終也會有資格進入天堂與他們重聚？詩篇中不就寫道，上帝會保存你所有的淚[12]？所以，或許你受的苦都不會白費。」這麼多年來，他第一次從苦痛中解脫，就是透過我為他開拓的新觀點。

生命的無常

看似會剝奪人類生命意義的不僅是苦痛，也包括死亡。我總不厭其煩地說，生命中真正瞬息萬變的只有它的潛在力，不過一旦實現了便立刻成為現實，保存於過往，安全地遠離無常。一旦成了過去，就沒有什麼會消失而無法挽回，全部都收藏入庫不得撤回。

因此，我們存在的無常並不會讓存在顯得沒有意義。但這的確構成了我們負責的態度，因為一切都仰賴我們將無常的可能性加以實現。人總是按當下主要潛力做選擇；哪些將不復存在，哪些又將得以實現？什麼選擇將自此永久成為現實，成為「時間之沙裡」不朽的「足印」？不管是好是壞，人在任何時刻都必須決定，他要為自己的存在留下什麼樣的紀念碑。

沒錯，人往往只想到無常殘留的遺跡，卻忽略了豐收的過往——那些自己曾經搶救的所有功蹟、歡樂與苦痛。過去無法重來，發生過的無法抹去。我應該說，曾經存在是最確實的存在。

將人類存在的無常本質謹記在心，就知道意義治療法並不悲觀，反而相當積極。用比喻的方式來說明：悲觀就像是個帶著恐懼與悲傷，看著牆上月曆一張張日漸減少的人。反過來說，若是積極面對生命中的問題，就像是會撕下一張張日曆，然後跟前面的紙整齊疊在一起，背後還會寫下當日記事。他能驕傲、開心地回憶這些豐富的筆記與極盡充實的人生。發現自己變老了又有什麼關係？他有什麼理由要羨慕眼前的年輕人，或對失去的青春念舊不已？他有什麼理由要羨慕年輕人？羨慕年輕人的可能性、羨慕他的未來？「不了，

10 作者注：Kaddish，猶太人哀悼的祈禱文，以阿拉姆語背誦。

11 作者注：L'kiddush hashem，即為聖化上帝之名。

12 作者注：〈詩篇〉第五十六章八節：「我幾次流離，你都記數；求你把我眼淚裝在你的皮袋裡。這不都記在你冊子上嗎？」

謝謝」他會這麼想。「我沒有那些可能性，但我有著真實的過往。不僅是真正做過的事、有過的愛，還有勇敢受過的苦。這些苦痛甚至讓我最引以為傲，儘管也最不引人欽羨。」

意義治療法的技巧

真實的恐懼，如對死亡的恐懼，不會因為從心理動力角度詮釋便能獲得平靜。相反地，精神方面的恐懼，如懼曠症（agoraphobia），也無法透過哲學洞悉而治癒。不過，意義治療法也發展出能夠處理這類個案的特別技巧。為了在每次運用此技巧時了解究竟發生了什麼事，我們會以經常在精神官能症個案身上觀察到的狀況為起點，也就是預期性焦慮（anticipatory anxiety）。這類型的恐懼特徵會精準反映出患者害怕的事物。舉例來說，越是害怕進入大房間看到很多人而臉紅，便更有可能在這種情況下臉紅。這麼說來，我們可以將「願望是思想之父」改成「恐懼是事發之母」。

諷刺的是，恐懼會讓害怕之事成真，同樣地，勉強的意圖也會讓人強求的想望難以成真。這種過多的意圖，我又稱為「過度意圖」（hyper-intention），在有「性的精神官能症」個案身上特別明顯。男人愈是想展現性能力，或女人愈想體驗性高潮，就愈無法成功。歡愉只能是副作用、副產品，若歡愉本身成了目標，便會徹底遭到摧毀、破壞。

除了上述的過度意圖，還有過於在意，在意義治療法裡又稱為「過度反射」（hyperreflection），這也可能是病原（也就是會致病）。以下臨床報告能進一步解釋我的意思。

一位年輕女子前來我的診所表示自己性冷感。個案的過往顯示她童年曾遭父親性侵害。不過，答案很快便揭曉，竟然不是那次的創傷導致她有性的精神官能症。原來，她讀過大眾心理學分析文獻，始終活在恐懼中，認為她的創傷終究會對自己造成傷害。這種預期性的焦慮，導致她對證實自己的女性特質投注了過多意圖，也過於在意她自己而非伴侶。這就足以讓患者無法享受性歡愉的巔峰體驗，因為性高潮已成了意圖達到的目標、在意的目標，而非不刻意地付出、把自己交付伴侶，而後不經意獲得的效果。經歷過短期意義治療後，患者對於自己達到性高潮的能力所抱有的過度在意與過度意圖，都已「減輕反射」（dereflect，意義治療法的術語）。只要她的注意力回到伴侶身上時，自然便能達到性高潮[13]。

意義治療法中「自相矛盾的意圖」（paradoxical intention）技巧，其主要依據是：恐懼會讓害怕的事成真，過度意圖則會讓渴望的事都無法實現。我早在一九三九年[14]便用德文解釋過自相矛盾的意圖。這個方法是要求恐懼症患者意圖得到他害怕的結果，就算只想一

13 作者注：意義治療法針對性無能發展出特定的治療技巧，就是根據以上描述的過度意圖與過度反射理論（Viktor E. Frankl, "The Pleasure Principle and Sexual Neurosis," *The International Journal of Sexology*, Vol. 5, No. 3 [1952], pp. 128-30）。當然，意義治療法原理的簡短介紹無法詳細涵蓋。

14 作者注：Viktor E. Frankl, "Zur medikamentösen Unterstützung der Psychotherapie bei Neurosen", *Schweizer Archiv für Neurologie und Psychiatrie*, Vol 43, pp. 26-31.

下也好。

我記得有個年輕音樂家的個案，他因為害怕出汗而來找我。如果他覺得會大量出汗，這種預期性焦慮便足以使他更加冒汗。為了阻斷這種循環作用，我建議患者碰到可能出汗的情況時，就故意讓人家看看他能出多少汗。一個星期後，他回來告訴我，在碰到會讓他產生預期性焦慮的人時，他就對自己說：「之前我不過出了一夸脫的汗，現在我至少要出十夸脫的汗！」結果是，受這恐懼症折磨了四年後，他不過接受了一次治療，就能在一個星期內完全解脫。

讀者會發現，這個程序包含了扭轉患者的態度，將他的恐懼換成自相矛盾的希望。藉由這項治療，便能將焦慮完全釜底抽薪。

然而，這項程序得用上人類特有的能力：幽默感中與生俱來的自我抽離能力。只要意義治療法中所謂自相矛盾的意圖技巧派上用場時，人從自身抽離的基本能力就會實現。同時，患者也能將自己從自身的精神官能症分離開來。奧爾波特博士（Gordon W. Allport）在他的《個人與宗教》（*The Individual and His Religion*）一書中也有著相同觀念：「學會自嘲的精神官能症患者，或許能學會自我管理，也可能治癒。」[15]自相矛盾的意圖獲得了實證，也在臨床上應用了奧爾波特的說明。

再多幾份個案報告，或許有助於進一步解釋這方法。以下患者是個簿記員，看過許多醫生，在許多診所接受過治療，卻都不成功。來到我們神經科時，他已經絕望，坦承差一點就要自殺了。他多年來都為書寫痙攣症所苦，最近甚至嚴重到幾乎害他失去工作。因此，唯有立即接受短期治療才可能改善現況。開始治療時，伊娃·寇茲德拉醫生（Dr. Eva Kozdera）建議他做跟平常相反的事，也就是說，與其努力寫出工整易讀的字，不如盡可能地鬼畫符。醫生建議他對自己說：「那我就來讓大家見識一下，我有多會鬼畫符！」從他故意要鬼畫符的那一刻起，就發現自己畫不出來了。他隔天說：「我想亂寫，但就是沒辦法。」靠著這方法，患者在四十八小時內便不再受書寫痙攣症所苦，治療後的觀察期內也都沒事。他恢復了快樂，還可以正常地工作。

還有個相似的案子，由我在維也納聯合醫院的喉科同事轉介給我，但問題不是寫字而是說話。那是他行醫多年來碰過最嚴重的口吃個案。那位口吃患者這輩子從有記憶以來都不曾正常講話，一下都不行，只有一次例外。那年他十二歲，搭了電車沒付錢。被車掌抓到時，他覺得要逃過一劫就得博取車掌的同情，於是便想表現出自己只是個可憐的口吃小男孩的模樣。那時他努力想口吃，竟然沒辦法口吃。雖然不是做治療之用，他卻無意之間運用了自相矛盾的意圖。

不過，這些案例不該讓人以為「自相矛盾的意圖」這方法僅適用於單一症狀的個案。

15 作者注：New York, The Macmillam Co., 1956, p. 92.

我們神經科的醫師，甚至用意義治療法的技巧成功解決了病情最嚴重、歷時也最長久的強迫性精神官能症患者。我舉一位六十五歲的女性為例：她這六十年來都因洗滌強迫症而苦。寇茲德拉醫生從自相矛盾的意圖開始為她實施意義治療。兩個月後，患者便能夠正常生活了。來到維也納聯合醫院的神經科前，她坦承：「我的人生就像地獄。」她的強迫症與對細菌的恐懼讓她什麼都做不了，最後只能終日躺在床上，無法從事任何家務。我不敢說她已經完全擺脫這些症狀，因為她還是會出現強迫的念頭。不過，她說自己已經能夠「一笑置之」，換言之，她能運用自相矛盾的意圖。

自相矛盾的意圖也可用於睡眠障礙（sleep disturbance）的情況。害怕無法入睡[16]便會引發想要入睡的過度意圖，最後卻只會讓患者無法入睡。為了克服這種恐懼，我往往建議患者不要設法入睡，試著從事完全相反的行為，也就是盡可能保持清醒。換句話說，想要入睡的過度意圖來自無法入睡的預期性焦慮，必須將之轉換成自相矛盾的意圖，努力保持清醒，如此便能快速入睡。

自相矛盾的意圖絕非萬靈丹。然而，這卻是治療強迫性精神官能症與恐懼症的利器，特別是對有著潛藏的預期性焦慮個案。此外，這僅是短期的治療方法。不過可千萬別以為短期治療只能帶來短暫的治療效果。套一句已故的埃米爾．古希爾（Emil A. Gutheil）說過的話：「佛洛伊德正統派中最常見的錯誤觀念便是，治療的時間長短與療效的持久度相當。」[17]舉例來說，我的檔案裡有位患者，他二十多年前接受自相矛盾的意圖治療，而治療結果證明是永久的。

最值得注意的是，無論個案的病因為何，自相矛盾的意圖都很有效。這一點證實了魏斯可夫－卓爾森曾說過的話：「雖然傳統心理治療強調治療的基礎是找出病因，但很可能某些特定因素會在童年初期引發精神官能症，成年後卻是截然不同的因素才能減輕精神官能症。」[18]

至於精神官能症的真正起因，除了身體或心理因素，最主要的病原就是預期性焦慮這一類的回饋機轉。特定症狀會引發特定恐懼症，引發的恐懼症接著再產生症狀，產生的症狀則更進一步強化恐懼症。從強迫症個案努力反抗縈繞心頭的想法，便可看出類似的連鎖模式[19]。因此，他的反抗卻反而徒增困擾，因為壓力會促成反壓力。症狀又因此再度強

---

16 作者注：大多數害怕無法入睡的個案，都是因為患者不知道有機體本身會自行滿足其最低睡眠需求。

17 作者注：*American Journal of Psychotherapy,* 10（1956）, p. 134.

18 作者注：“Some Comments on a Viennese School of Psychiatry”, *The Journal of Abnormal and Social Psychology,* 51（1955）, pp. 701-3.

19 作者注：通常是因為患者害怕其強迫性意念，代表了確實即將患有或已經患有精神病；患者並不知道，實證結果顯示，強迫性精神官能症其實是要讓他免於真正的精神病，不致真的朝精神病的方向發展。

化！反過來說，患者一旦停止反抗自己的強迫性意念，以諷刺的方式嘲笑面對（運用相互矛盾的意圖），便可阻斷這樣的惡性循環，症狀會逐漸減少到終止。若是並非「存在的空虛」引發的幸運個案，患者不僅能成功地恥笑神經質的恐懼，最後還能順利地完全置之不理。

如我們所見，預期性焦慮必須以自相矛盾的意圖反制；過度意圖與過度反射都要靠減輕反射消除；不過，唯有患者面對自己的天職與人生使命，減輕反射才可行。[20]

阻斷這種循環作用的不是精神官能症患者自顧的情緒，無論是自憐或自鄙；治療的訣竅是自我超越！

集體精神官能症

每個年代都有各自的集體精神官能症，也都需要各自對應的心理治療法。存在的空虛就是當代的集體精神官能症，可說是種私密的虛無主義；虛無主義的主張便是存在沒有意義。不過，想要大規模應付這種情況，心理治療得要能遠離當代虛無哲學的影響，否則就僅只是反映了集體精神官能症的症狀，而非是可運用的治療方法。然而，以往的心理治療法不僅反映了虛無哲學，也在無意間向患者傳達了人的表面形象而非真實模樣。

首先，人類「不過爾爾」是相當危險的論點，認為人不過是生物、心理與社會條件的組合，或遺傳與環境的產物。這種觀點會讓精神官能症患者相信他原本便傾向相信的，即是他不過是外在影響或內在情況的人質或受害者。這種神經質的宿命論受到心理治療的鼓勵與加強，因為心理治療否認人類是自由的。

沒錯，人類的確是有限的形體，自由也因而受限。不過，雖然不能自由脫離各種狀態，卻能自由選擇面對各種狀態的立場。我曾說過：「身為跨神經學與心理學雙領域的教授，我完全了解人有多麼容易受到生物、心理與社會條件的控制。但是，除了是身跨雙領域的教授，我還是四個營區的生還者（我指的是集中營）；因此，我也見證了人類抵抗、挑戰意外的能力，就算是在最可怕情況下。」[21]

泛決定論的危險

心理分析常因其所謂的「泛性論」（pan-sexualism）而遭到批判。我個人便相當懷疑這樣的批判是否合理。不過，我覺得有種假設更加錯誤、更加危險，那就是我所謂的「泛決定論」（pan-determinism）。我的意思是，人類忽視自己其實有能力選擇如何面對各種情

20 作者注：奧爾波特也支持此信念，他曾說：「當努力的重點從自身衝突轉向無私的目標時，生命本身便會更加健全，就算精神官能症不會永遠消失。」（op. cit., p. 95.）

21 作者注："Value Dimensions in Teaching"，是好萊塢動畫師組織（Hollywood Animators, Inc.）為加州專科協會（California Junior College Association）製作的彩色電視電影。

況。人類並非全然受到制約或限制，而是能決定自己要屈服或面對不同的狀態。換句話說，人類最終還是能自我決定。人類不僅僅是存在著，更能決定他該如何存在，決定下一刻的面貌。

同樣的，每個人都能自由在任何時刻做改變。因此，我們僅能就人類整體進行大範圍的統計調查來預測人的未來，個別人格基本上則無法預測。預測的基準為生物、心理或社會條件。然而人類存在的主要特性，便是有能力跳脫這些條件、超越限制。人類有能力在可能的情況下讓世界變得更好，在必要的情況下讓自己變得更好。

容我引用J醫生的個案。他是我這輩子見過的人中，唯一敢用冷酷無情來形容的人。他是個撒旦般的人物，當時大家多半稱他為「史坦霍夫（Steinhof）的屠夫」（史坦霍夫是維也納一所大型精神病院）。納粹開始實施安樂死計畫時，他掌握所有生殺大權，極度熱中於指派給他的任務，努力不讓任何精神病患逃過進毒氣室的下場。大戰後，我回到維也納，問起了J醫生的下落。他們告訴我：「他本來被俄羅斯人監禁在史坦霍夫的隔離室，但是，隔天他的牢房門敞開著，從此再也沒人見過J醫生。」

後來，我深信他跟其他人一樣，靠著同志的協助遠渡南美洲。不過之後，有位前奧地利外交官來找我，他被監禁了許多年，先是在西伯利亞，後來在莫斯科著名的盧班卡（Lubianka）監獄。我幫他檢查神經方面的狀況時，他突然問我會不會正好認識J醫生。聽到我肯定的答覆，他接著說：「我在盧班卡認識了他。他在那裡過世，年約四十，死於膀胱癌。不過，他死前可是你能想到的最好的同伴！他安慰了每個人，還達到最高的道德標準。他是我長年監禁生涯中所認識的最好的朋友！」

這就是J醫生的故事，「史坦霍夫的屠夫」。我們豈敢預測人類的行為？我們可以預測機器、自動機器的動作；除此之外，我們甚至能預測人類心理的機轉或「動力」。但人類不只有心理。

然而，自由絕非結論。自由不過是故事的片段，只是事實的一半。自由僅是整體現象中消極的一面，積極的一面是負責的態度。事實上，不照負責的態度進行，自由一不小心便會淪為武斷。這就是為什麼，我建議東岸的自由女神像也該有對稱的負責女神像在西岸做為互補。

我的精神醫學信條

我無法想像有什麼能限制人類而不留一絲自由。無論是何限制，精神官能症患者總還殘留些微的自由，就算是精神病患者也一樣。的確，精神病絲毫沒有觸及患者最核心的人格。

無法治癒的精神病患或許不再有所作為，卻仍保留人類的尊嚴。這是我的精神醫學信條。我覺得，沒有這樣的信條，就不值得當精神科醫師了。為了誰啊？只為了受損卻無法修補的大腦機器？患者若真僅是如此，那麼安樂死也可說是名正言順了。

讓精神醫學恢復人性

長達半個世紀以來，精神醫學將人類的心智視為某種機轉來解讀，也因此認為心理疾病的治療不過就是種技術。我相信，這場夢應該已經到了盡頭。現在開始在遠處地平線上隱約可見的輪廓，不是心理研究醫學，而是有人性的精神醫學。

然而，醫生若仍然認為自己的角色只是個技術員，便會坦承他所看到的患者不過是台機器，而非埋藏於疾病之下的人類！

人類並非眾多事物中的一件物品；物品仰賴彼此做決定，但人類卻能自行決定。人在天賦與環境的限制下變成什麼模樣，都源於自身。以集中營這種活生生的實驗室、試驗地為例，我們看著也見證了某些同志卑鄙的表現，有些卻表現得宛如聖人。人自身存在著這兩種潛力，要實現哪一種，端看個人決定而非狀態。

我們是實際的一代，因為我們已了解人類真正的本質。畢竟，人類發明了奧許維茲毒氣室，同時也抬頭挺胸、口中唸著主禱文或猶太祈禱文步入毒氣室。

第三部 樺樹林同步劇

形上學會議[1]

出場人物：

史賓諾莎
蘇格拉底
康德
蓋保工頭
佛朗茲
卡爾
弗利茲
恩斯特
保羅
母親
黑天使
小隊長

地點：上演該劇之戲院

時間：各場次之表演時間

中段布幕前方，空盪盪的舞台。三位哲學家各自身著符合其時代之傳統服裝。康德依然頭戴假髮。

史賓諾莎（邊說邊寫）：會議紀錄者：本尼迪克特．史賓諾莎……

蘇格拉底：請務必記錄準確的會議時間。

康德：等一下！我抗議——「準確的時間」指的是什麼？您認為是中歐時間？一般時間？夏令時間？或者其他時間呢？在座諸位，我發現本人的超驗批判正面臨被遺忘的危機。

史賓諾莎：康德教授，真是抱歉。但我並未忘記您的超驗哲學。

蘇格拉底：我也沒忘記。尚請息怒，這並非我的原意……

康德：您究竟了不了解我的主張呢？

蘇格拉底：當然。時間與空間只不過是直覺的概念形式……

1 作者注：以筆名蓋伯瑞．里昂（Gabriel Lion）發表於一九八四年《*Der Brenner*》第十七期 92-125 頁。

康德：原來您知道啊。那麼，您為何不遵守呢？

蘇格拉底：遵守，遵守。我不就是活生生的範例嗎？

康德：這我就不明白您的意思了。

蘇格拉底：嗯，曾置身古希臘時代的我，對您的純粹理性批判卻幾近瞭若指掌。

康德：啊，您指的是這個？那好吧，我願意相信您的話。

蘇格拉底：就像史賓諾莎時代人們的說法一樣，史賓諾莎與我都曾經披著俗世的臭皮囊在市場上行走。如今，則存在於「永恆」之中。而今，你我身處永恆——

史賓諾莎：這真是絕妙之矛盾！

蘇格拉底：因為永恆亦即同時。

康德：此話援引自奧古斯丁嗎？

蘇格拉底：誰曾有過這個想法？此念頭又源自何人呢？

史賓諾莎：從前我們每個人都強調原創性。此時此地既無時間順序，當然亦無先來後到。

蘇格拉底：吾等身處永恆。

史賓諾莎：永恆與你我同在。

康德：好了，好了。這些言詞全都了無新意。但再問一次：為何您提及「準確的時間」一事呢？

蘇格拉底：教授先生，求求您。不然，如何才能讓眾人了解永恆、時間與同時呢？

康德：這倒言之有理……

史賓諾莎：教授，蘇格拉底此言不差！

康德：那麼好吧，史賓諾莎先生，請繼續記錄……

蘇格拉底：教授，請您多多發言。

（康德鼓勵眾人地點點頭）

蘇格拉底（起身，清清嗓子）：在座諸位，我該如何啟齒呢？人類不該如此繼續下去。我們必須有所行動！您很難理解目前世界上的生活。信仰，每一種信仰，幾乎都已滅絕，甚至連政治宣傳都沒有人相信。人們既不信賴彼此，也不再相信自己。尤其不再相信任何思想！

康德（提高聲量說）：思想只是規章。

史賓諾莎（提高聲量地說）：太初之道亦即上帝。

蘇格拉底：諸位！請勿侷限於片面的字義之爭，也請別在概念上辯論。您應當非常了解我話中之意。重要的是，我們的重點在於人類的存在。這一切都面臨危機！兩次的世界大戰已經將所謂的人類道德摧毀殆盡。

史賓諾莎：教授，蘇格拉底所言甚是。尤其請您想想這結果：世人不再有信仰。少數了解自己作為，或至少相信知道自己所行之事的人卻肆意妄為。他們濫用迷失的群眾，濫用一群被誤導的迷途之眾。

康德：情勢已然至此嗎？你我該如何行動呢？

蘇格拉底：我們必須幫助人類。一個人必須下凡。

康德：您還真樂觀！您想派智者下凡嗎？

史賓諾莎：他一定會被人嘲笑。

康德：或者應該派遣一位先知？

（蘇格拉底聳聳肩）

史賓諾莎：您太不了解現代人了，他們會把先知關進精神病院。身處現代社會裡的先知！您究竟是怎麼想的？現今社會裡，先知被認為患有妄想症。這一點，蘇格拉底，請您務必切記！

康德：告訴您，就連在從前，也不會有人聆聽真正先知的智者之言。人們根本不把他們當一回事。

史賓諾莎：蘇格拉底，請您相信我。根據我手邊的資料，人們不相信任何事、任何人。哲學家輸定了，而且會很孤單。上帝啊！我們做為哲學家不也曾孤單過嗎？

但那是在自己書房裡的寂寞……別忘了，最讓現代人無法置信的就是真理。傳講真理者從一開始便不合乎時代，他的話語自然落空。

蘇格拉底：您打算怎麼做？

康德：此事的確值得深思。我承認我們必須有所行動。但應如何著手進行呢？如何教導人們認識真理？如何讓他們對真理產生興趣呢？

史賓諾莎：教授，我認為，我們在塵世裡的那位代理人必須花費很大的心力來克服物質主義。請相信我，世人至今仍未克服物質主義。

康德：今夕塵世是何年？

史賓諾莎：不久前我請人告訴我，現在是西元一九四六年。

康德：真是丟臉！你們都做了什麼？

蘇格拉底：我們派了可供差遣者下凡去！他們影響和拔擢教學者，並協助作家撰寫經典名著。

康德：什麼？您去啟示他們？

蘇格拉底：正是如此。

康德：此事我並不樂見。

史賓諾莎（失望地）：蘇格拉底，我不是請您在康德面前對此事三緘其口嗎？您知道，康德發表過關於啟示的文章。他不喜歡如此。

蘇格拉底：那又如何？我同情世人。

康德：這一點我認同。強烈的動機促使您做出此事。

蘇格拉底：既然您不反對，那麼我真的知道一條出路。

史賓諾莎：是何出路？

蘇格拉底：請勿見笑。但我曾與同時代的朋友一起討論過。

康德：您的國人？

蘇格拉底：正是。

康德：嗯，然後呢？

史賓諾莎：您為何覺得尷尬？

蘇格拉底（不好意思地說）：他們是古希臘悲劇詩人……

康德：然後呢？

蘇格拉底：您說，只有這一條出路……

康德：究竟是何？

史賓諾莎：請暢所欲言，切勿有所顧忌！

蘇格拉底（強調）：藝術！古希臘悲劇詩人說，唯有透過藝術之路，才能影響塵世間的凡夫俗子。

康德：這倒挺有趣，是個不錯的主意！

蘇格拉底（健談了起來）：老實說，我原先並不願意提出這個建議。但真的是除此之外並無他法。直到目前，我對此仍堅信不移。

史賓諾莎：藝術能激發想像、創造神話或詩詞，但無法帶來真理。我們應該如此做嗎？

康德：您的反對意見很可笑。請勿動怒。但是，藝術呈現出來的假象，遠比人類現實更加接近真理。

史賓諾莎：好；但如此做，一切必然開放。

蘇格拉底：史賓諾莎，歷史經驗與您的想法恰恰相反。

康德：確實如此。但是，蘇格拉底，您打算如何落實這整件事？去演話劇，去啟發劇作家，還是只有上帝才明瞭該怎麼做？

史賓諾莎：教授此言甚是。我們總不能站在舞台上扮演角色，演一齣戲給世人觀賞。

蘇格拉底：沒有其他方法可以對他們講話了！只有真實的角色才能奏效……

史賓諾莎：話是沒錯；但我們會把自己弄得很可笑。

康德：而且我們絕對無法取得演出許可（神秘兮兮地指出）。

蘇格拉底：停！這些請交給我來操心。事情是這樣的：上帝取了人的形象，來幫助世人。……

康德：我再說一次，您絕對拿不到演出許可。不信的話，您可以試試看。

蘇格拉底：教授大人，請別誤解我的想法。我從未考慮過戲劇，只是認為我們應該呈現給世人一些事物，讓他們脫離現實，從而察覺自身的真理……

史賓諾莎：您指的是「生命圖像」？

康德：您指的是一個真正的、或至少看起來很真實的故事嗎？再搭配上相關的道德議題？

蘇格拉底：對，順便附帶一下道德議題。

史賓諾莎：這個點子很棒，但與你我何干呢？我們能夠做些什麼？

蘇格拉底：我們可以評論戲劇！

康德（考慮之後）：您可有恰當的故事？

蘇格拉底（非常高興）：教授，萬事皆已準備就緒。

康德：評論呢？

蘇格拉底：我們在演出時進行評論。

史賓諾莎（突然心意不定）：人類才不會這樣做。您知道他們會如何回答嗎？他們會說，此舉將破壞時空的一致性。

康德：抱歉，但這說法讓我覺得可笑。時空一致性，在我們身處的永恆當中完全不再是問題了！

史賓諾莎：還有另外一點：我們應當採用杜撰出來的劇本？還是我們也應該一起參與演出？

蘇格拉底：更簡單一點。我們宣揚真實的故事，也就是你我之間的對談。將我們當下的談話公開發表於戲劇當中！

康德：什麼意思？

蘇格拉底：很簡單，就是把我們的對談記錄搬上塵世舞台。

康德：在舞台上演出我們之前與往後的所有對話，然後呈現給世人看，以便博得稱讚嗎？

蘇格拉底：正是，在下正是此意。史賓諾莎，記錄一開始寫了些什麼？

史賓諾莎（朗誦會議記錄）：會議記錄者史賓諾莎；蘇格拉底說：請務必記錄準確的會議時間；康德說：等一下！我抗議；……等等。

蘇格拉底：已經有這麼多內容，可以將我們的對談搬上舞台了！（隆重地）從此刻起，《樺樹林同步劇》場景將移轉至某地某一舞台上……

史賓諾莎：不行，那裡說德文！
蘇格拉底：那又如何？
康德：史賓諾莎，您忘了，我們現在不藉助語言交談，乃以想法溝通。
蘇格拉底：想法人人都能了解。我們必須讓每個人都明白我們的想法，彷彿用他們的語言來表達一樣。
康德：因為這是真理。
史賓諾莎：我懂了……
蘇格拉底：可以開始本劇了。一、二、三，開始！
史賓諾莎（像小孩般興奮）：布幕昇起！
康德：史賓諾莎，請別忘了，我們一直都站在舞台上，一直都站在開啟的布幕前。觀眾一直注視我們，聆聽你我的對話。
蘇格拉底：史賓諾莎，或許您尚未進入狀況？
史賓諾莎（有些混亂）：我已經，已經……
蘇格拉底：還不了解嗎？你我佯裝為劇作家筆下的虛擬人物，而演員則扮演著我們的角色。（有趣開心地說）觀眾不會察覺，是我們自己神奇地搖身一變成為演員，而且冒充劇本創作家。這很吸引人吧？觀眾才是上了最大的當，因為我們讓觀眾扮演所謂觀眾的角色。您會發現，觀眾根本不知道他們自己也在演戲。他們既不了解你我的真正身分，更不知道劇情屬實！

康德：但是，先嚴肅一點。蘇格拉底您葫蘆裡究竟賣什麼藥？我指的是，這是怎樣的一齣戲？

蘇格拉底：我想呈現地獄裡的景象，藉此向世人證明，儘管置身煉獄之中仍可保有人性。另外順便提到，雖然世人認為你我身處天堂，但我們無論如何也都還是人。難道不是嗎？

康德：當然，當然。感謝上帝。

史賓諾莎：感謝上帝！

蘇格拉底（針對康德的措辭）：無神論者，怎發此言？

康德（微笑）：是嗎？蘇格拉底，我已準備就緒。

蘇格拉底（往上喊）：請拉起永恆與時間之間的布幕……！

布幕升起。半明半暗中只見一座破爛荒廢的集中營營房，中間有個小鐵爐。舞台上看不見營房右側末端。入口在左邊，門口向右是一小片空地。空地邊，亦即舞台左側，連接著集中營鐵絲網圍牆。鐵絲網由左側向舞台背景右後方延伸出去。從觀眾的角度看，營房後牆前方乃一與膝同高之木板平台，其上鋪有稻草。囚犯在平台上或坐或臥。

史賓諾莎：此地是？

蘇格拉底：樺樹林集中營。

康德（喃喃自語）：真可怕……

蓋保工頭（帶著一小隊囚犯從營房後方走出來，向左停在營房入口。以一貫簡短嚴厲的命令口吻）：這裡是第六區的九號營房。

佛朗茲：卡爾，動作快，快去找一個火爐旁邊的位置！

卡爾（腳跛跛地）：等一下，我走不快。我的左腳……

佛朗茲：用手拉著我！

卡爾（照做）：這樣，已經可以了。

（其他人也進入營房，分散在營房內，有些人爭搶座位。蓋保工頭離開。）

弗利茲（向恩斯特）：你聽見了嗎？營長破口大罵布赫瑙集中營只讓我們帶一條毯子來這裡，而且我們大家全身髒兮兮都是跳蚤！

恩斯特：樂觀派，你說得對。你儘管去相信以後還會有好日子可過吧。

弗利茲：為什麼不呢？你倒是說說看啊！之前你不是認為大夥這次會完蛋嗎？現在這個營區很正常啊！

恩斯特：大局未定，尚有變化。等著瞧，你當上蓋保工頭小隊長，大吃大喝，等著看結果。最終他們還是會把我們全都殺了。等著瞧吧！

弗利茲：請你先證明大家最後一定會是這種下場。只要你沒辦法證明，我就會認為自己的小命已經平安脫困。

恩斯特：我不會等到最後那一刻。失望太令人畏懼了。

弗利茲：你是說你無法從失望中倖存下來？（笑）

恩斯特：你儘管取笑吧。

保羅（高聲向眾人說）：我的麵包袋裡曾經裝著兩盒菸！還是我用最後的獎勵券換回來的。現在那些東西到哪裡去了？誰又做了好事？

佛朗茲：老是偷雞摸狗！我還以為大家都是好兄弟呢……

卡爾：誰會去偷？大夥都在這裡。

佛朗茲：你還記得歐圖嗎？

卡爾：天啊！他早就為了偷竊付出代價。

恩斯特：這也算是公平的世界秩序。他在偷吃了香腸之後，中毒身亡……

（三位哲學家聆聽眾人談話，站立在其身後。）

康德：史賓諾莎，告訴你，這些人真微不足道。這些凡夫俗子認為，只要做好事，只要行為符合社會規範，就一定會得到金錢與財富作為回報。

史賓諾莎：良善本身就是一種好品行[2]。幸福也是一種成果。行為端正者才能得到真正的幸福。

康德（不耐煩）：知道，這我知道。但您與您的「一元論」將一切都投射在同一個層次裡！

蘇格拉底：諸位，請勿爭吵。此事另有蹊蹺！

康德：蘇格拉底，請問您，人類為何無法從中學習教訓？

蘇格拉底：他們當然無法做到。因為他們不研讀哲學，所以必須用鮮血、傷痛、苦難以及死亡，為自己的哲學錯誤付出代價。請再想想，我們不也是以鮮血、傷痛、苦難以及死亡，來為我們的哲學真理付上代價嗎？

史賓諾莎：康德教授，蘇格拉底此言甚是！

蓋保工頭（返回營房，用力開門，大聲吼叫）：你們這群全身長滿虱子、豬狗不如的禽獸，今天別妄想還要吃飯。營區廚房今天沒有替你們這些臭傢伙準備伙食。（說完後離開）

恩斯特：真棒，我們已經兩天沒吃飯了。在明天早上喝到溫熱的黑開水之前，還得再挨餓一個晚上。

卡爾（朝向佛朗茲）：佛朗茲，佛朗茲，我之前就一直告訴你，你不應該跟我一塊走的。

佛朗茲：沒有應該與否，只是必須如此。反正你明白就是這麼一回事。

卡爾：對，我了解你長久以來的犧牲。坦白說，我對你的犧牲早就已經厭煩透頂。起初你可以移民，但因為不想棄家庭於不顧，你放棄去美國。結果呢？為了把你從蓋世太保的手中救出來，姊姊犧牲了自己的性命。父親因為艾薇姊姊傷心難過而病逝。最後輪到我有這殊榮。母親如今隻身一人，天曉得她究竟是否還在人世。

母親（瘦小，簡樸，紮著頭巾，面容煩惱憂傷，站在舞台右方，看不見營房出入口的另一端，出場）：他們在那裡。（待在兩個兒子的附近。）

2 史賓諾莎引用此句之拉丁文原文：Beatitude ipse virtus。

卡爾：一直犧牲，卻沒有成果。

佛朗茲：卡爾，你別這麼說。你我心知肚明，我們若不時時刻刻準備好，甘願為其他事物拋棄生命，那麼叫做「生命」的這個廢物便沒有任何意義，而且不值得活。

卡爾：其他事物？什麼呢？何事呢？

佛朗茲：隨你怎麼稱呼。你會和我一樣察覺到它，至少有預感。

卡爾：凡事皆有極限。你不能如此輕易地放棄生命……

佛朗茲：放棄如果有意義，為什麼不呢？

卡爾：你的「有意義」指的是大家最後都死了嗎？

佛朗茲：也許。緊扒著糞土般的生命，無論如何都毫無意義。沒準備好犧牲生命的人，賴活著等於死了，這樣的人，生命毫無意義。如果準備好犧牲糞土般的性命，那麼死亡將會更有意義。這是我的立足點。若非身處此地，這些話我永遠都不敢說出口。

康德：諸位聽見了嗎？

史賓諾莎：坦白說，我不相信他們。

蘇格拉底：或許這些都尚待證實。

母親（走向哲學家，羞赧謙虛地）：諸位先生，請別動怒。他們是我的兒子，我最後僅剩的骨肉至親。他們長得很棒，是聽話的孩子，對吧？他們只是愚蠢罷了，太愚蠢了！佛朗茲原來可以去美國。您必須了解，他本來還來得及過去，但他留了下來，選擇留在父母身邊。我知道，他不想棄家人於不顧。是的，這就是他的理由。我們夫妻求他出發。但他說：「不，我在這裡也過得挺不錯。」您了解嗎？他不想讓我們知道，他是因為我們的緣故才留下來。

康德（勸慰地）：親愛的女士，剛剛我們才確定您兒子佛朗茲非常聰明。

史賓諾莎：他是真正的好人。

蘇格拉底：親愛的女士，請放寬心。我們會照顧您的兒子。

母親（鞠躬數次）：非常感激諸位。是誰給我這份榮幸呢？

康德：親愛的女士，您了解的。只是忘了我們不喜歡提起自己的姓名。

母親：抱歉，抱歉。我只是想知道您們是否能幫我說句好話。

史賓諾莎：什麼好話？有什麼目的？要跟誰說呢？

母親：我萬分思念這兩個兒子。我知道，也看見他們倆人在此地吃了許多苦。因此，我想申請他們回到我身邊。

康德：親愛的女士，這一點我們辦不到。

史賓諾莎（小聲地對康德）：教授，我們不該試試看嗎？

蘇格拉底：史賓諾莎，最好不要。這事我們別插手。但此外（對那位母親）：請幫助您的兒子。我們答應您，將竭盡己力協助他們。

母親（感動地）：多謝諸位，真是感激不盡！願上帝報答您們。請相信我，您們值得上帝獎賞！您看（笨手笨腳地從手提袋中掏出一些郵件與小包裹），這全是孩子寄給我的。

史賓諾莎：這究竟是怎麼一回事？集中營裡根本不准囚犯對外寫信或寄送包裹。

康德：究竟是什麼？

蘇格拉底（近看）：喔！還不了解嗎？這是兩個兒子對母親的思念。還有為母親做過的祈禱。我稱之為「禮物」……

母親（驕傲地）：對，難道不是嗎？很棒的禮物。這麼多信，幾乎每天一封，偶爾還有個小包裹……這難道不足引以為傲嗎？他們難道不值得別人關心照顧嗎？

康德：您說得有理。

史賓諾莎：當然！

（蘇格拉底感動地將信件交還給母親）

康德（跟其他哲學家）：啊，人類真該了解，凡事皆有意義，而且意義遠超過其所傳達之物……

史賓諾莎：大師，請想像一下，人類如果真了解此事，又會怎麼說呢？他們一定十分驚訝！就像哲學教授如果得知自己關於康德的研究僅是「暫時之作」，一定非常訝異。

蘇格拉底：您指的是「永恆之作」吧？

史賓諾莎：正是，「永恆之作」乃翩然飛舞至作者此時此地的永恆書桌上，萬古流芳之作。特別印刷出版之作。

蘇格拉底：倘若這些思想真的偉大，一旦哲學家知道自己的偉大思想未曾付梓、未曾付諸言詞，又未經深思熟慮，卻早已於此發表，並等著一事無成的作者從黃泉地下上來接受自己偉大的思想創作，一定覺得非常訝異。

康德：但您為何只是一昧設想你我的將來呢？為何不思索一下其他人、其他藝術家或音樂家的未來呢？或者您已經忘記，舒伯特含淚從你我手中接過b小調第八號交響曲曲譜時，那「永恆的剎那」嗎？該作品從此可謂「已完成」……

蘇格拉底：大師，您可還記得，眾天使在那瞬間演奏的曲目嗎？天使歌詠，讚美不絕。

史賓諾莎：而且世上陸續都有b小調作品。

康德：是的，是的，世人如果能知道就好了……

卡爾：母親是否還健在呢？

佛朗茲（有些大聲）：母親，您還在嗎？母親，您還在嗎？告訴我們，您還在嗎？

卡爾：你在想些什麼？為何不說話？佛朗茲，你幹嘛這麼安靜？

佛朗茲（音調一直很低，反覆思索）：母親，您還活著嗎？請告訴我們，您是否還健在？

卡爾（不耐煩）：佛朗茲，有話就說！

母親（愈來愈靠近）：我的小佛朗茲，我不能說。我的死活於事無補。（懇切地）無論如何，我不是都在你們身邊嗎？

佛朗茲（答非所問）：母親，請告訴我們，您是否還健在？

卡爾：現在你倒是跟我說句話。你嚇到我了！說，你是不是瘋了？

佛朗茲（嚇了一跳）：這是什麼話？我沒瘋，只是想了些事情。別說了。

母親（對哲學家）：您們聽見了嗎？他想我！他一直惦念著我。

史賓諾莎：我們都聽見了。

母親：但他心存疑慮。我該怎麼辦？該怎樣才能讓他不要懷疑受苦？

康德：親愛的女士，您無法做任何事。請稍安勿躁，也讓佛朗茲等候……

母親：但我好想幫他一把……

蘇格拉底：您不能為他做任何事。

母親：他們兩個人已經飢腸轆轆了。

黑天使（像母親之前出場一般，由右方進入。走向哲學家）：運氣真背。我怎會如此倒楣！

康德：究竟何事？

蘇格拉底：又發生何事？

史賓諾莎：跟您們在一起，隨時都會出現狀況。

天使：我必須下凡到那兩兄弟那裡去。

康德：究竟何故？

天使：他們的母親提出申請，希望兒子能回到她身邊去。

史賓諾莎：然後呢？

天使：我必須去找他們，去考驗他們。

康德：以您目前這身裝扮嗎？
天使：對，怎麼了……
蘇格拉底：您怎麼這一身微服打扮呢？
天使：當然。
史賓諾莎：您喬裝成何人？
天使：意料之外，我喬裝成一位納粹黨衛軍隊員。
康德：真有趣！
天使：我不認為有趣。偏偏是我得打扮成納粹黨衛軍……
史賓諾莎：結果如何？
蘇格拉底：史賓諾莎，您已經聽見，這位天使要去考驗那兩兄弟。
天使：我必須折磨他們，折磨到鮮血淋漓為止，如此才可見其本性。
（消失於舞台右側。同時，一位納粹黨衛軍隊員從營房後方走出來。）
小隊長：（用力把門扯開）
保羅（筆直站立）：囚犯九七一二六號報告小隊長！已將剛剛轉運過來的一〇六名囚犯安置於第六區九號營房。

小隊長：一一八一〇三號！

卡爾（跳起來）：有！

小隊長：出列，你這豬狗不如的傢伙！

卡爾（匆忙，小聲地）：佛朗茲，再見了。別放棄！（與黨衛軍隊員一起離開）

母親（受到驚嚇，對哲學家）：他們打算怎麼對付他？

康德：親愛的女士，別害怕。（強調）這都是為了他好。

母親（擔心）：他要審問卡爾，問出一些東西。卡爾一定會受折磨。我的卡爾啊！

史賓諾莎：之前您也親眼看見，那是一位天使。您的兒子只會受到考驗。

母親（受苦地）：為什麼要考驗他呢？我可以替他擔保！

蘇格拉底：您並無法決定。在場眾人中，也沒有一個人有權決定。

母親：這是為了卡爾好。此言當真？

康德：是的。也許可以讓他提早回到您身邊。

母親：但他會受苦挨痛。

史賓諾莎：痛楚又算什麼呢……

蘇格拉底：您難道還不明白嗎？

母親：這話私下說說還可以，但不准您向一位母親說這樣的話。諸位，這種話，不能告訴世上的任何一位母親……（難過地朝著佛朗茲坐下來）

佛朗茲（有些大聲地）：母親，請幫助卡爾！母親，請幫幫他！

母親：佛朗茲，卡爾在好人的手裡。別擔心。

佛朗茲（繼續重複著）：母親，請幫助卡爾！

保羅（在佛朗茲另一側坐下）：你怎麼不發一語呢？

佛朗茲（嚇了一跳）：做什麼？

保羅（好奇）：你弟弟怎麼了？轉運名單造假一事是不是已經穿幫了？

佛朗茲：有可能。

保羅：冒名頂替囚號。你們當初有必要嗎？不過就算穿幫，也是小事一樁。

佛朗茲：我們兄弟希望能夠在一起，而那個瘦小的捷克人想繼續留在布赫瑙集中營。他與營房舍監私交不錯，因此每天都可以額外多拿到一碗湯。對他而言，留在舊營區，每天都有一份救命仙丹。

保羅：這是怎麼一回事？那捷克人必須被轉送到樺樹林集中營嗎？

佛朗茲：是的。所以他建議卡爾和他交換囚犯號碼與姓名，這樣我們兄弟倆才能夠在一起。那個捷克人則可以留在營房舍監身邊，每天多喝一些湯。

保羅：也許，他還有其他好處。

佛朗茲：營房舍監知道這件事，也同意了。

保羅：這樣啊？如果你弟弟招供，供出營房舍監，那麼你們四個人可就糟糕了。

佛朗茲：我不怕。

保羅：別這麼高尚，何必呢？沒有家人在等你回去嗎？

佛朗茲（又陷入沈思）：母親，您還在世嗎？

母親：孩子，我就在你身邊，在你身邊。相信我吧！

佛朗茲（自言自語）：母親！如果我能知道母親是否還健在，那就好了。

保羅：不說話的傻瓜，你在煩惱些什麼啊？等著瞧吧！

佛朗茲：對，以後就會知道。

小隊長（帶回卡爾，將他推進營房）：死人臉，你可以繼續想想究竟自己是誰。五分鐘後，我會再回來押這個發神經的怪傢伙，看看他五分鐘裡學會說話了沒有。（離開）

史賓諾莎：真有意思。各位都看見了吧？天使現在的表現完全像是納粹黨衛軍。

康德：他就是黨衛軍隊員。

史賓諾莎：他是天使！

康德：對，他是天使。但他一旦喬裝成黨衛軍，便對自己的天使身分毫不知情。

史賓諾莎：這我就不懂了。（天真地）他總該察覺自己突然……從天降臨，站在營房門口，完全沒有過往與屬於自己的命運。最終他總該想起來吧！

康德：喔！頭腦簡單的史賓諾莎，別這麼健忘！（不耐煩地教導著）我們認為他是被派下凡。但從下面那群人來看，這個人多年以來早已身處其中，擁有自己的過往與命運，也有祖父母、父母及妻小……

蘇格拉底：我們與那群人置身在不同空間，完全迥異的時空。這不正是我們跟他們玩的小花招嗎？這是這場舞台劇的表演策略啊！

史賓諾莎：但您們說過，這一切都是真的，比真實更真實。這是真實，並不僅僅是演戲吧？

康德：諸相如戲，空即是戲。在此在彼，你我皆為戲角。倏忽置身於此舞台背景，倏忽存在於超驗背景中。無論如何，全是戲。

蘇格拉底：只是我們完全不知道劇本，半點都不清楚內容。只是對自己的角色一知半解，而且還慶幸自己能夠預先知道台詞。

康德：並且，我們應當盡可能留意舞台上「良心的聲音」。

母親（站至哲學家面前，聽見最後一部分討論。天真如昔）：諸位，我們演給誰看呢？請告訴我吧！

史賓諾莎：我們站在一群笨蛋觀眾前面。他們笨到相信我們是在演戲。

蘇格拉底：他們也在演戲。扮演觀眾。

康德：對，他們一直飾演著觀眾。扮演給彼此看，也對自己演一齣戲碼。

母親（天真無邪）：但我們演給誰看呢？一定有人看著我們，正在某地看著我們才對……

康德：親愛的女士，您第一次站在舞台上嗎？

母親：是的，先生。

康德：那麼請看那裡（指向觀眾席）。請告訴我您所見何物？

母親（眨眼）：燈光刺眼，不見一物。只見一個大黑洞。

康德：如果我說，那裡真的有觀眾呢？

母親（信賴地看著康德）：那麼，我必須相信真的有觀眾。

康德：對（堅定地）。您必須相信，因為我們無法知道。沒有人認識生命劇碼中的這位偉大觀眾。他坐在黑暗之處（手指前方）某個觀眾席位中，但他目不轉睛地凝視著我們。親愛的女士，請相信我這番話。

史賓諾莎：請相信他！

蘇格拉底：請相信我們！

母親（堅定地）：是的，我相信……

佛朗茲：你想做什麼？

卡爾（已將從前發生之事告訴了佛朗茲）：當然，我會保持沉默。

佛朗茲：那你可以直接與我道別，永遠訣別了。

卡爾（溫柔地）：我的兄弟啊，我該如何做呢？為何不允許我表明你堅持的立場？一次也好。現在我願意犧牲。我將按照你的想法，賦予生命意義。今日我將死得有意義！

佛朗茲：卡爾，別這麼說。這很傷人。

卡爾（愈來愈激動）：從何時起這也算是理由？我的兄弟啊（伸手搭在對方的肩膀），你一直對我耳提面命，告訴我苦難屬於生命的一部分，而且苦難也有意義。

佛朗茲：的確如此。人若身處苦難，且有能力，應證實自己能夠接受苦難的考驗。

卡爾：如此生命才會成真。空口無憑，一旦經過證實，才能將其「轉化為真」。我從你那裡學到的，難道還不夠多嗎？

佛朗茲：卡爾，親愛的！

卡爾：我的兄弟啊……

（小隊長從左方回來）

保羅：敬禮！

小隊長：豬狗不如的傢伙，給我出列。你到哪裡去了？

卡爾：有。（輕聲對佛朗茲）我將證明自己能接受苦難的考驗。我會通過考驗！

（佛朗茲不發一語，放下卡爾的手）

（小隊長與卡爾一同離開）

母親（害怕擔憂地對哲學家）：諸位，卡爾現在要接受考驗了嗎？

康德：正是。他將接受考驗。

保羅（慢慢走向佛朗茲）：事情已經發展到了這地步，對吧？

佛朗茲：對，但卡爾將通過考驗。他說過自己會通過考驗，也給自己這樣的承諾。

保羅：總之，他是個好傢伙。你大可以為他驕傲，我認為這才是兄弟。

佛朗茲：他和我完全不同。我只會耍耍嘴皮子，他卻付諸行動……

史賓諾莎（緊張，朝右方遠處看去）：康德教授，您看，他把他打倒在地上了。
康德：我看不清楚。誰在打人？那位天使嗎？
蘇格拉底：對，天使在打人。
史賓諾莎：那年輕人倒臥在地，已經流血了。
蘇格拉底：但他不發一語！
康德：什麼？他不招供？就算挨打也不招供嗎？
蘇格拉底：不招。他不發一語，堅持著。
史賓諾莎（內心激動）：您看，他正在受苦。好慘，我真想去幫他！啊！我是什麼東西！寫了書，人們不讀，也不去了解。我早已全盤告知了，早就告訴他們，告訴人類了！生命不再是苦難……但是人類不聽我言，還得這樣做。
康德（亢奮）：他得堅持下去。如果能告訴他我的「絕對命令」就好了：「人啊！如此去做，彷彿……」
蘇格拉底（心情難過）：他不了解你們的意思。（強調）你們必須用人性的語言來表達，而不是用哲學術語。
史賓諾莎：人性的語言？什麼意思？我們的作品每隔幾年就會翻譯成各國語言！
蘇格拉底：他根本聽不見我們說話。您究竟想達到什麼目的？沒有人了解我們，除非他能夠自己領悟。在人們自主思考、自行發現，並且喚醒自己的靈魂之前，沒有一個人能夠了解我們的學說或著作。你我不也如此一路走來的？在思考之前，我們也必須事先有所行動。不曾親自動手執行，就不會了解事情的原委，也就無法有所成就。至少我本人並非透過言語而有所成，而是透過死亡……

史賓諾莎：您看，卡爾一直保持沉默。他失去意識了。

康德（生動地）：諸位，此乃吾等之課堂範例，本人必須加以論證！

史賓諾莎：請問是哪一堂課呢？

康德：有人指派一些自殺者給我，請我替他們講述存在的意義。

史賓諾莎：課程結束之後，他們的命運又將如何？

康德：集合之後，他們將再度被載走。

史賓諾莎：什麼叫做「被載走」？

康德：這些可憐人喜歡用黑色幽默稱呼它為「去 KL. SP. E.」。

史賓諾莎：您是指他們等著去投胎嗎？

康德：正是如此。

史賓諾莎：「KL. SP. E.」究竟是什麼意思？

康德：太陽星系地球集中營[3]。

史賓諾莎：真可憐，他們得再次下去那個地方。

康德：您應當看看，這些人試圖在運送前逃跑。連天使都覺得這項任務一點兒都不好玩（笑）。但事必如此。未來必須發生之事，必然發生。他們定將重新投胎。

蘇格拉底：您現在打算如何做？

康德：我會將這一幕錄影起來，然後播放出來。

史賓諾莎：您打算在課堂中播放嗎？

康德：是的。但我必須再等一下，等到卡爾真的完全通過考驗之後。

蘇格拉底：您看一眼吧，他現在動也不動了。

史賓諾莎：那個納粹黨衛軍用靴子踢他。

康德：天使扮演的可憐傢伙。如果天使知道自己還必須做這些事……

史賓諾莎：那年輕人卡爾一定沒辦法忍受。等著瞧，他最後一定會招供。他會招出其他人的名字。教授，您要不要跟我打個賭呢？

康德：不賭，但我是對的。您看，他的內心正天人交戰。過不了多久，就是他生命的最後一程了。您看這個年輕人真是不錯吧？拳擊選手通常會說，這種人很耐打。

蘇格拉底（大叫）：那裡——（小聲）現在結束了。那年輕人已經死了。

康德（勝利地）：史賓諾莎，他通過考驗了！

史賓諾莎：教授您真的說對了。這是給您的範例。
康德（忙碌地）：我急需這個例子，這類的課堂教材早已用光了。我認為人定勝天，包括勝過自己的肉體，但沒有人相信我。大家總說我是個理想主義者，甚至說我是理想主義的開山宗師。諸位，我是真實主義者。請相信我，之前您們不也有目共睹嗎？
蘇格拉底：我們最後的看法一致。全體人類若能同意這項看法，該有多好！
史賓諾莎：每個人如果都認為自己是好人，以後也會變成好人。但現今人類對自己與周遭的人都不抱持期待。因此，也不會去挑戰自己。
黑天使（從右方出現）：完成了。這種事！（抱怨）為什麼得落在我身上！
史賓諾莎（天真）：那位黨衛軍到哪裡去了？
天使：您所指何人？
蘇格拉底（不耐煩，道歉）：他指的是您在塵世裡的軀殼。
康德：史賓諾莎，那個人會繼續活下去，按照塵世光陰一直活到他的生命盡頭，直到公平審判、赦免罪愆的那一天為止……

3 原文：Konzentrationslager Sonnenplanet Erde。簡寫為 KL. SP. E.

天使：我必須立刻離開，進入塵世的驅殼裡。只是想問一下，您們覺得他這個人怎麼樣？他是個很不錯的年輕人，對吧？（從右側離開）

康德：他真得很不錯。

蘇格拉底：的確如此。

史賓諾莎：那位死者嗎？

康德：當然。

母親：卡爾！

卡爾：母親！

（兩人相擁）

母親：我要到佛朗茲旁邊去。（站到他身邊）

佛朗茲（對保羅）：看來，他不會回來了。

保羅：我幾乎也是這麼想。

佛朗茲：或許我在這世上已是孤單一人了……

母親：佛朗茲，我們在你身邊。

卡爾：佛朗茲，現在我和母親都在你身邊。

佛朗茲：這事只有上帝才知道……

保羅：肚子餓的時候，你也會知道自己還活著。

佛朗茲：來，我這裡有一小塊鹽巴（拿袋子）。舔一舔吧！

保羅：謝謝。那口渴的時候呢？

佛朗茲：口渴之後覺得肚子餓，肚子餓之後覺得口渴。至少有些變化，對吧？

保羅：你說的對。鹽巴拿過來吧（舔了一舔）。你弟弟是好人，我一直想起他。

佛朗茲：偏偏是他？為什麼只有他呢？為什麼又找錯了對象呢？上帝啊，你知道，我比卡爾壞！

保羅：別說廢話。你也是我們當中最好的人，我在這裡最好的伙伴。

佛朗茲：你只知其一，還不夠認識我。

保羅：我挺認識你的。你不會是殺人犯吧？

佛朗茲：正是。你一定會取笑我的！

保羅：依我看，這件不幸的事讓你發瘋了？

佛朗茲：在布赫瑙集中營裡，你認識菲力斯嗎？

保羅：認識，怎麼了？

佛朗茲：不覺得我這件大衣很眼熟嗎？

保羅：在我看來，這是菲力斯的大衣？

佛朗茲：對。我用一張麵包配給券跟他買的。

保羅：他不是躺進病患營房了嗎？那麼不論是誰，到最後都會拿走這件大衣。

佛朗茲：別人很可能會拿走他的大衣和鞋子。但在集中營裡，諸事皆有變數。菲力斯或許能湊巧留下大衣，然後這件衣服可能會救他一命，也許……

保羅：相信我，當初那些被轉送出去的囚犯都進了毒氣室。其中一堆閒人，都是沒有工作能力的人。

佛朗茲（堅持）：無論如何，我利用了他的飢餓，還有那塊額外攢下來的麵包。如果轉送者沒被送進毒氣室，如果菲力斯的病真的好了，他也會凍死，因為我跟他交換的大衣很薄，沒有裡襯。

保羅：如果……如果……如果沒有「如果」這個字，今天我也許是百萬富翁……你是個殺人犯，而我是個有錢的大富豪。

佛朗茲：你不可以這麼說，也不能像我這樣行事作為，因為不是成功決定一個人……

康德：無論如何，他所言有理。

史賓諾莎：我不像他，我沒做過那些事。

蘇格拉底：您有何打算？佛朗茲至少已經知道自己犯的錯。

史賓諾莎：為時已晚。

康德：我確定，他以後一定不會重蹈覆轍。

保羅：你我皆非聖人。

佛朗茲：但我們常常必須做出決定。在每個當下，都必須重新做決定。因為沒有人一出生就是惡魔，黨衛軍也是如此，請你相信我吧。

保羅：你現在真的瘋了。殺了你弟弟、如今正良心不安的走狗，難道還不是惡魔嗎？

佛朗茲：不是，也許不是……

史賓諾莎：他快猜出來了。我賭他終究會猜出來，他將看透這齣戲！

康德：沒有人能看透天使。

蘇格拉底：當我結束塵世時日之前，一個猶太人講了個猶太神話給我聽。塵世興亡取決於居住在塵世裡的三十六名正義之士，但是沒有人知道誰是正義之士。一旦被人察覺，那位正義之士當下會被召喚，而且立即消失。

史賓諾莎：我知道這個神話。

康德：您想做什麼？我們不是一直強調有前輩先人嗎？

蘇格拉底：若無前人，便無你我！

恩斯特（這段時間裡，他在營房前後走動。現在進入營房內。苦笑）：諸位！我在外面待了半個小時，嘗試用各種「撇步」從鐵絲網後面撈馬鈴薯。終於被我撈到了。該貢獻給誰呢？

保羅：瘋狗，把馬鈴薯拿過來！佛朗茲讓我餓了好久。

恩斯特（用奇怪的手勢）：用餐愉快！這曾經是一塊石頭。佛朗茲，用它來塞住你弒弟兇手的嘴吧！

保羅：告訴你，別去招惹他！

佛朗茲（深思）：安靜……卡爾已經安息。我還沒死，還差得遠呢。在……之前，我將永遠不得安息。

保羅：笨蛋。還是把你的蠢念頭全盤說出來比較好。

佛朗茲：你又知道什麼？我是個廢物，廢物。

保羅：你為家人已經犧牲夠多了。我聽別人提起過，我知道。

佛朗茲：我想……對了，我想過做好多事。有一次我夢見集中營裡的囚犯，有人問我說願不願意去幫忙那些囚犯。當時在夢中我說「願意」，老天爺知道，那是我這輩子最幸福的時刻。我走到好長好長的鐵絲網圍牆後面，和囚犯一起待在集中營裡，那是和這裡一樣的營區。幾個月之後，我真的到了集中營。來到這裡之後，我卻沒有去幫助別人！我是個可憐的膽小鬼，比蓋保工頭還有黨衛軍好不到哪裡去。

保羅：誰能說自己比別人好？誰又能說自己比別人差？

佛朗茲：例如我姊姊就與眾不同。她只需假裝咳血，便有機會離開監獄。她只要刺傷自己的手臂，然後在手帕上混合著口水與鮮血就可以了。而且，她也學會了肺癆患者咳嗽的聲音。但最後，這樣的事她一件也沒做。她說，她就是做不出來……

保羅：我認為她很蠢。

佛朗茲：你不能這樣批評她。這一切不是那麼容易。

史賓諾莎：教授大人，您有何高見？

康德：別挑釁我的嚴苛。反正佛朗茲已經引起了那群人的憤慨。

蘇格拉底：佛朗茲那個年輕人說得對。這一切都不容易。

佛朗茲：但我不願放棄，還不願意。如今，在集中營裡我又開始作夢，不同的夢。我夢見有一天會離開集中營，做自己將要做的事。

保羅：請問你的計畫是？

佛朗茲：我要買一部車子……

保羅：嗯，我也想有車子。

佛朗茲：只要一回到家，我就立刻用全部的時間——按照名單——開車上路。

保羅：「按照名單」，這又是什麼意思？

佛朗茲：對，在心裡我早已完成了一份名單。名單上的名字是一些第一眼看上去就非常欠扁的人。以後，一些不為人知的默默行善者會受到迫害。我有全部這些人的名單，他們現在還穿著制服，穿著讓我們憎惡的制服。但是在制服底下，他們保有著一顆善良的心。相信我，他們其中一些人還保有人性。不論外在環境如何，他們還是做著自己能力範圍以內的事，只是很少人了解實情罷了。告訴你，總有一小部分的人必須克盡職責去照顧這些人。一份白色名單，對了，就是這個。我已備妥了一份白色名單。必須趕快到這些人身邊去，幫忙他們，拯救他們。

保羅：你是個傻子，危害公共安全的大傻瓜。真的嚇壞我了。你知道自己是誰嗎？你是叛徒，對，你是叛徒！

佛朗茲（淺淺地微笑）：叛徒？我背叛了什麼人、什麼事呢？

保羅：你背叛了我們，所有必須在這裡受苦受難的人們。那些壞人害我們受苦，你以後卻還要去幫助他們。

佛朗茲：我不是叛徒。我沒有背叛任何人，或任何事。最重要的是，我沒有背叛人性。

保羅：你說，那是人性？讓那些罪人不受懲罰地躲開正義的命運？

佛朗茲：正義的命運……你認為什麼又是正義呢？以仇報仇，以冤報冤嗎？我們若與他們做同樣的事，像他們對待我們一般去對付他們，並不算是公平正義。如此，只會讓不正不義永遠繼續下去。

保羅：你忘了「以牙還牙，以眼還眼」嗎？

佛朗茲：別提聖經！這些句子容易讓人誤解。誰也不曉得，你是否真的熟悉聖經。或者我應該考考你？請告訴我，該隱是人類史上第一個謀殺犯，為什麼上帝給他立了一個記號呢？[4]

保羅：這很清楚，好讓世人認出殺人犯與罪人，有所警惕，並採取恰當行為……

4 出處經文為：「耶和華對他說：凡殺該隱的，必遭報七倍。耶和華就給該隱立一個記號，免得人遇見他就殺他。（創世紀第四章十五節）

佛朗茲：錯！該隱記號的目的在於保護該隱。在接受了上帝的處罰之後，保護他不再遭受人們傷害。人們不應再去處罰他，或去騷擾他。該隱記號的用意，你現在想通了嗎？再想想，若不如此又會如何呢？一直以牙還牙地報復下去，謀殺將永無止盡，其他人將被殺害，遭遇不公正之事。不！我們必須扯斷這罪惡的鎖鍊！我們不願意永遠以不公平來報復不公平，以仇恨回報仇恨，以暴力反抗暴力！這鎖鍊，保羅，正是這個鎖鍊！我們終究必須掙脫它……（跌坐在木板上）。

保羅：你不舒服嗎？

佛朗茲：對，我有一點不舒服。

保羅：讓我看看。你的臉色很蒼白，躺一會兒吧，你安靜一下。如果你需要些什麼就馬上叫我。我必須去照料一下恩斯特。他活不久了。

佛朗茲：你說得對。

保羅：恩斯特，還好嗎？

恩斯特（說話像餓過頭的人一樣地口齒不清）：謝謝，不太好。（客觀地）你們明天就看不到我了。

保羅（佯裝）：胡說八道。我常像你這樣狀況欠佳。

恩斯特：我知道自己在說什麼。但我也承認，這有點奇怪。現在我還活著，明日卻遠離人世了。或者，我明天將身處何地？

史賓諾莎：若只將「地點」了解為立體空間概念，人們不會變聰明，也於事無補。

康德：我認為，人們還是不知道所有的事情比較好。全盤通曉之後，他們一定不會選擇一些看起來毫無意義的事，只會選擇在某一處裡可見可觸之事。

蘇格拉底：人若有惡魔，亦即我所謂之「內心之聲」，這已足夠了。若恰好相反，人們白紙黑字地明瞭一切，這齣戲便顯得毫無意義。我們的指望也就落空了。

母親（彎下身朝向佛朗茲）：我的孩子，你不舒服嗎？

佛朗茲（自言自語）：母親，母親！我怎麼了？我怎麼了？（緩緩地）我要死了嗎？

母親：我不知道。就算我知道，也不能告訴你。

卡爾：靜靜等候吧，佛朗茲。我們在你身邊，別怕。

佛朗茲：卡爾，如果我已經去了你們那裡，該有多好！

卡爾：佛朗茲，我在你旁邊！

母親：他聽不見你說話，他從來都聽不見我們說話。難道你還沒察覺這一點嗎？

卡爾：母親，正因如此，我才覺得心痛。

母親：你會習慣的，就快了。

卡爾：他已不久於人世。

母親：也許不然。但只要他到我們身邊，一切都不值得再提。

佛朗茲：我真的去日無多了嗎？真好！我一直害怕死亡，但如今領略著死亡滋味。（臉上煥發著光輝神采）我離你們近了，回歸萬物……

史賓諾莎：教授，佛朗茲會死嗎？

康德：必須打聽一下。

蘇格拉底：我認為他旁邊那個人（指向恩斯特）才快死了。康德教授，您不也同意我的想法嗎？

康德：你我可有知曉之事？

佛朗茲：或者這還不是死亡？有任何希望嗎？我能完成工作，完成自己未竟之偉大志業嗎？能完成一直想寫的劇本（悲傷地）嗎？那份手稿在布賀瑙集中營浴室裡已經被丟掉了。母親啊！卡爾啊！你們可知道那件事對我的打擊嗎？你們明瞭嗎？如今已沒有希望完成那個劇本了吧？（被痛苦襲擊）我身後未留一物，連一丁點兒都不剩！明日的自己，也許像今日的卡爾與母親一般虛無。

卡爾：母親，你不能哄哄他讓他安靜下來，不能安慰安慰他嗎？

母親：該怎麼做呢？他既看不見我們，更聽不見我們說話。沒有人懂得你我的想法……接受事實吧！每個人必須獨自走完人生路，各自為己。其他的人事物都無法幫忙，必須一個人獨自完成，這才是生命的重點。

卡爾：這是所謂的「生命」嗎？

母親：就我們直至目前為止所明了解的，是的。

佛朗茲：但是我想變勇敢，在生命中勇敢一次。我說了生命嗎？我指的是在死亡中勇敢一次！是的！母親啊！卡爾啊！上帝啊！我想變勇敢！我願意放棄！正是！我願意放棄完成我的舞台劇劇本！

史賓諾莎：您可聽見？他願意放棄完成劇本。

蘇格拉底：而成就其自我，成為整體……

康德：史賓諾莎，您將看見正會如此！

佛朗茲：我旁邊的人不會死，我才是必須離世之人。（大聲喊）保羅？

保羅：喔，怎麼了？佛朗茲，有什麼事嗎？

佛朗茲：到這裡來一下！我旁邊的恩斯特怎麼了？是不是好一點了？

保羅：對。你躺在這裡，怎麼知道這種事呢？

佛朗茲：我就是感應到了，就是知道。等著瞧，他一定會好起來！

保羅：可能，看起來非常可能。但是，你怎麼了？佛朗茲，你好一點了嗎？

佛朗茲：是，但又不是。依各人看法而定。

保羅：記得，只要撐到明天早上就好了。明日一早就會繼續供應湯了，等著吧！熱騰騰的好湯，裡面或許還有一塊大馬鈴薯呢！

佛朗茲：或許，也許沒有。也許空無一物……

保羅（諷刺）：我看，你餓昏了在亂說話？

佛朗茲：別管我！

（保羅去看恩斯特）

佛朗茲：虛無，全然虛無。人類如此，我亦如此。無論如何（撐住自己站起來）！人類總是代表著什麼，我也許也是。它游離漂浮，無法捉摸。但須將之化為真實，這才重要：將其在生死之中化為可捉摸之事。上帝啊！請讓我死去。我已預備好，將之化為具體可明白之事！

弗利茲（看著正在鑽牛角尖的佛朗茲）：佛朗茲為何如此安靜？為何不發一語？平常

他的聲音總是最宏亮的，總是口若懸河地談論哲理，深思後說了又說。

保羅：糟了！他的情況不妙。

佛朗茲：我很好。喔！多好啊。如今接近萬物，接近母親、卡爾、真理，（狂喜）並完成名為「生命」的劇本！上帝！我近了，祢知道的。請繼續幫助我，幫助我觸摸到生命……別帶走恩斯特，帶我走吧。我想到祢那裡去，用我的命來交換他。為了他，我願獻出一己生命。想接近萬物，靠近母親、卡爾和祢。母親、卡爾以及上帝啊！請帶走我的生命，請帶我走。祢知道，諸事皆已備妥，我願放棄，放棄劇本，放棄完成它。如今，我已預備好，如此接近萬物，如此接近祢。如今我知，若我放下，獻出一己，那麼這塊生命殘片即將變成完整……，為了他們，為了這些人，就我個人而言也為了那邊那群人，請取我性命，接受這犧牲獻禮。因為我知道，恩斯特很想活下去，他與家中年輕的妻子都希望他能繼續活下去。但我已放棄，如今真的放棄了。上帝啊，祢知道的！

保羅（彎腰探看恩斯特）：恩斯特，你還好嗎？這是怎麼一回事？！你動一動啊！

弗利茲：笨蛋，他不會動了。像死老鼠一樣了。

保羅：看來你說對了。漢斯、古斯特，你們過來，把屍體扛走丟到門口。這裡的空氣已經夠糟了。（小聲）把他口袋裡的東西給我掏出來。他的衣服還不是最糟的，古斯特你的衣服太爛了，和恩斯特交換一下吧！（一切照吩咐執行。恩斯特的屍體被拖過地板，丟棄在營房門口地上。）

（保羅再去看看佛朗茲）

佛朗茲：什麼，恩斯特死了？天啊！

保羅：你還好嗎？

佛朗茲：這怎麼行！

保羅（搖頭）：你還在昏迷，胡言亂語嗎？

佛朗茲：上帝沒有接受我的生命。

保羅：你在幻想！

佛朗茲：上帝沒有接納我的生命為獻禮。他覺得我過於污穢，喔！原來我根本就不配！

母親：佛朗茲，你不該這麼說。

佛朗茲：卡爾比我更值得，更相配。

卡爾：我們正在等你。

母親（跟卡爾說）：我要再去申訴。

康德：親愛的女士，您不能如此！

史賓諾莎：她不應再次提出申請嗎？

蘇格拉底：您不知道嗎？就是不准她這麼做！

卡爾：這次，是我要提出申訴！

黑天使（從舞台右方出現）：我原以為將前去迎接佛朗茲。但在最後一分鐘，卻有了其他安排。

卡爾：現在我無法再申訴了嗎？

天使：沒辦法。為時已晚。

卡爾（乞求）：我們多盼望佛朗茲能來到我們身邊。

天使：你們可以留在他身邊啊！

母親（沮喪）：來吧，卡爾，我們無法向上陳情。只要我們願意，就留在佛朗茲身旁吧……

天使：他現在得跟我走（指向門，突然停頓下來），但這可不行（往右離開）。

小隊長（繞從左邊進來，從外面朝著營房大吼大叫）：一群豬，可憐鬼！怎麼把屍體丟在門口？營房小組長在哪裡？

保羅：小隊長，我在這裡！

小隊長：把這骯髒的屍體移開。丟到戰壕裡去，別放在門口！

保羅（尷尬，連忙道歉，口吃）：營房裡的人身體太虛弱了……

小隊長（打保羅一耳光）：讓你瞧瞧什麼叫做「太虛弱了」。現在可以了嗎？狗崽子？

（三名囚犯將屍體拖往營房後方。小隊長離開。）

黑天使（從右方進入。走向哲學家）：這種事！盡是在欺負他們？但是卡爾很棒。他並未退縮！

康德：卡爾，請到這裡來！

卡爾：諸位有何指教？

康德：您認識這位先生嗎？

卡爾：我記不得曾在哪裡見過他。

天使：我是那個必須凌虐你、打死你的人。

卡爾（無任何情感）：原來如此。

母親：卡爾，謝謝這位先生。他是好意，上帝派他這麼做，好把你帶回我身邊！

卡爾（微微鞠躬）：先生，感謝您。

天使：謝謝我？您不是聽見了嗎？那是派令……

卡爾：雖然如此。但是有些奇怪，如果當初就告訴我……

蘇格拉底：對吧？那您當時一定很驚訝？

史賓諾莎：那樣做，只會讓人們覺得混亂。

康德：一段時間以後，他們自然會想起，會了解一切……

天使：一段時間之後？以永恆之時！

母親：我現在還太愚蠢，無法明瞭一切。

康德：親愛的女士，你我眾人皆尚未臻極致。盡皆如此。我們還在演戲……

母親：只要和全部的家人在一起就好。至少跟這兩個兒子在一起。

卡爾：母親，來吧。在那之前，我們幫佛朗茲加油。

天使：您們不能幫忙他。只准在他身旁。

母親：如此就感激不盡了……

天使：請放心。我們只再需要他一小陣子。在那裡……

母親：哪裡？

天使：這裡。

卡爾：此話何意？

康德：在舞台上。

天使：在人世間。

佛朗茲：為何?!我為什麼應該活下去？如今這副模樣，還要繼續活下去?!

史賓諾莎（向天使）：不能幫助他明白原因嗎？

天使：他必須自己領悟，否則根本無法幫他。

佛朗茲：這是恩典嗎？讓我死去才是恩惠。但繼續活下去？我為何倖存，躲過一死呢？

天使：我們不要去管他，他終將自行領悟。

卡爾：至少請您告訴我們！

天使：請詢問那幾位先生。

康德：我們還需要佛朗茲一小段時間。

母親：諸位先生，您們的目的何在呢？

蘇格拉底：他必須寫個舞台劇。完成他的劇本。

卡爾：他已在世一遭，走至盡頭，也已完整活過一生了！

史賓諾莎：但是，他尚未完成記錄。

母親：卡爾，他指的是什麼記錄？

卡爾：我們在這裡演的這齣戲。此時此地，在此舞台之上的戲！

母親：我不懂。

卡爾：母親，我也是。

蘇格拉底：落幕之後，您就會明瞭我們的意思了。

史賓諾莎：請再稍候片刻。劇將落幕，馬上就結束了。

佛朗茲：保羅！

保羅：嗯，好一點了嗎？

佛朗茲：別嘲笑我。但應該有人聽見，你也應該知道，現在我必須讚美自己。

保羅：何事？

佛朗茲：我要把一切做得更好。我被判了刑，被判得繼續活下去。

保羅：別傻了。

佛朗茲：喔，真的，請相信我。我被判刑繼續活下去，被判必須苟延殘喘。（近乎莊嚴隆重地）但這生命不該僅如糞土，我想讓它開花結果，我將去完成已經開始的工作，至死方休。到現在，我才明瞭此事。

保羅：你在說瘋話。

佛朗茲：我知道自己在說些什麼。如今也知道，自己當如何行。

卡爾：母親，你了解了嗎?佛朗茲指的是那個劇本，他在布赫瑙集中營裡尚未完成的劇本，因為他必須丟掉那劇本!當時，是我第一次，也是最後一次看他落淚。

母親：我可憐的兒子。

康德：您了解演出的內容了嗎？

母親：我開始慢慢懂了……

卡爾：現在我已經全都明白了。

天使：到那個時候為止，請兩位耐心等待。諸位先生都知曉自己應做之事。

康德：是的，我們明白。

（黑天使從右方離開）

史賓諾莎：他是什麼意思？

蘇格拉底：我們必須退場。

史賓諾莎：為何？如此突兀？

康德：如今，你我已是多餘。

史賓諾莎：原來如此。從永恆及同時的觀點來看[5]，我們不再繼續當下的演出了嗎？

蘇格拉底：您想通了。當然是用拉丁文想通的囉。

史賓諾莎：您別這麼說，彷彿……至少我的書都是以拉丁文及希伯來文兩種語言撰寫。您沒寫過書，只有對談，而且只運用希臘文。

康德：兩位，別再爭吵了！我再說一次：如今你我已顯多餘。

蘇格拉底：至少在此當下。

史賓諾莎：事已至此，那我們離開吧。

康德：稍待片刻。請聽！

保羅（對佛朗茲）：你試試看睡一下。我也要躺下來，或許能睡著。最好在睡夢中忘記飢餓，但我害怕在夢中夢見自己大吃大喝的景象。

佛朗茲：至少你會夢見吃吃喝喝。

（保羅離開，回到自己的床位。）

佛朗茲：母親，卡爾，上帝啊！如今我獨自一人，只與你們同在。我答應你們去完成使命，雖然也許是我自己想像出來的任務。究竟是不是想像，這個問題只能在行

5 史賓諾莎在此引用拉丁文「*sub specie aeternitatis*」，意指「從永恆的觀點而言」。

動中，透過我的行為來決定答案。敬請拭目以待……

史賓諾莎：他指的是自己應該撰寫的劇本嗎？

蘇格拉底：亦即你我演出之劇的劇本，這一份對話記錄。

康德：諸位，走吧？

史賓諾莎（向蘇格拉底）：您認為人們能明瞭這一切？

蘇格拉底（聳聳肩）：你我已經盡力而為了。

史賓諾莎：等著瞧，世人將說這一切都只是表象。他們只會將這一切當作戲劇、劇情發展以及表象一樣處理掉。

蘇格拉底：這又如何？

康德：人們在此之所聞所見，只能是戲劇「表象」罷了。因為我們如果想讓他們看見真理，他們將變得又聾又盲。親愛的史賓諾莎，請相信我這番話。

史賓諾莎：我必須相信。

哲學家走向舞台右側，退場。

佛朗茲：我必須相信！（他支撐自己坐起來，其他人仍在睡夢中或輾轉不安。）而且我相信！相信自己！母親啊！我相信你！相信你，母親！

母親：是的，我的孩子……

佛朗茲：我相信卡爾！

卡爾：這樣就對了，佛朗茲……

佛朗茲：相信上天！

靜寂無聲——布幕落下。

〈附錄一〉
談悲劇樂觀主義

獻給伊迪絲．魏斯可夫——卓爾森，
她早從一九五五年便在美國領先推動意義治療法，
為這領域做出了無價的貢獻。

我們首先要問自己，對「悲劇樂觀主義」（tragic optimism）[1]了解多少。簡單來說，意指人是樂觀的，就算面臨了意義治療法中所謂的「悲傷三部曲」也能保持樂觀，而此三部曲包含了以下可能限制人類存在的三要點：㈠痛苦；㈡罪惡；㈢死亡。

這一章則提出：如何無視這些苦痛而繼續擁抱生命？換句話說，生命該如何無視這些悲劇而繼續保有其潛在意義？畢竟，套用我某本著作的德文標題《不顧一切擁抱生命》，這句話本身便預設生命在任何情況下都有意義，無論多麼悲慘都一樣。這進而假定，人類

1 作者注：一九八三年六月，我前往西德雷根斯堡大學參與第三屆意義治療法世界會議（Third World Congress of Logotherapy）並以發表的演講為基礎寫下的。（於一九八四年增補於英文版）

有能力運用創意將生命從消極轉為積極或有建設性。換句話說，重點是要將各種情況做最好的運用。而「最好的」在拉丁文裡是 *optimu*，也是我為何談到悲劇樂觀主義；面對悲劇仍保持樂觀，且在人類潛力發揮到極致的狀態下，總能夠：㈠將苦痛轉換為人類的成就或功績；㈡從罪惡感中找機會將自己變得更好；㈢將生命的無常視為激勵，採取負責任的行為。

不過，一定要記住，樂觀不是透過指揮或命令便可擁有。人根本無法強迫自己在面對各種機緣時，都能保持樂觀。希望是如此，信心與愛也都不是指揮或命令便可擁有。

對歐洲人來說，美國文化的特色便是一再地指揮、命令人要「快樂」。然而，快樂無法追求，快樂必須是繼而產生的。人必須有「快樂」的理由，只要找到這個理由，自然而然就會變得快樂。人類追求的不是快樂，而是在尋找快樂的理由；最後這一點也很重要，在特定情況下實現與生俱來、沉睡其中的潛在意義。

另一種人類特有的現象也需要理由——笑。如果你要別人笑，就要給對方笑的理由。舉例來說，你得跟他說笑話，若是不慫恿他，或讓他慫恿自己笑，就不可能真正讓人大笑。那麼做就像是要求在相機前搔首弄姿的人「笑一個」，最後從照片裡看到的只是僵在臉上的虛假笑容。

這種行為模式在意義治療法裡稱為「過度意圖」，對於形成性的精神官能症原因有相當重要的影響，不管是性冷感或性無能。患者愈是追求性高潮（即性歡愉），就愈無法在過程中忘記自我，便愈容易被自己打敗。的確，所謂的「快樂原則」，其實只會掃興。

人一旦成功地找到意義，不僅能變得快樂，也有能力應付苦痛。如果尋找的意義落空怎麼辦？這很可能會造成致命的情況。比方說，我們回想在戰俘營或集中營這種極端狀況下會發生的事。據美籍軍人所說，首先會出現他們稱為「放棄炎症」（give-up-itis）的行為模式。集中營裡與這種行為相似的案例，是那些某天早上五點突然拒絕起床工作的人，反而繼續留在小屋裡，躺在被屎尿浸濕的稻草上。不管警告或威脅，都沒能讓他們改變主意。然後典型的行為便會出現：他們掏出藏匿在口袋深處的菸，抽了起來。那一刻我們便知道，接下來四十八小時左右，我們將看著他們垂死。意義導向不存在後，取而代之的是即刻的歡愉。

這難道不會讓我們想起另一種相似性，我們每天都得面對的相似性？我想到全球的年輕人，說自己是「沒有未來」的一代。沒錯，他們訴諸的不僅是香菸，還有毒品。

事實上，毒品只是廣泛現象中的其中一種，也就是說，由存在需求的挫折導致的無意義感，在現今工業化社會裡已成了普遍現象。今天不僅意義治療師認為無意義感在精神官能症病原裡扮演的角色日趨重要。史丹佛大學的歐文・亞隆（Irvin D. Yalom）也在《存在心理治療》（*Existential Psychotherapy*）裡寫道：「連續四十位患者前來精神病門診尋求治療，其中有十二位（百分之三十）出現與意義相關的嚴重問題（由自我評估、心理師或專家獨立判斷所判定）。」[2]距離帕洛阿圖市東部幾千哩遠處的情況只差了百分之一；最近的相關統計顯示，維也納有百分之二十九的人口抱怨生命沒有意義。

至於造成這種無意義感的原因，儘管有點過於簡單，或許可說是因為人有維生能力卻沒有生活目的；他們有方法卻沒有意義。的確，有些人連方法都沒有。特別是現今廣大的失業人口。五十年前，我發表了一份研究報告[3]，以我在年輕患者身上診斷出特定的憂鬱症為主題，我稱之為「失業性精神官能症」（unemployment neurosis）。我能證明這種精神官能症真是源自雙重的認同錯誤：沒有工作就等於沒有用，沒有用就等於過著沒有意義的生活。所以，只要我成功說服患者到青年機構、成人教育、公共圖書館之類的地方做志工；換言之，也就是讓他們把充裕的閒暇時間用於從事無給薪但有意義的活動，那麼儘管患者的經濟情況沒變，也依舊挨餓，但憂鬱症卻消失了。事實便是，人類不僅單靠事業與福利而活。

除了由個人社會經濟狀況引起的失業性精神官能症，還有其他起源於心理動力或生物化學狀態的憂鬱症類型，依個案而定。因此，也個別開出心理治療與藥物治療。不過，就無意義感而言，我們不能忽略或遺忘。無意義感不是病狀，而是精神官能症的跡象與徵兆，我認為那證明了人性。雖然這並非源自任何病因，卻仍可能引發病理反應；換句話說，也就是有可能致病。想想年輕世代普遍可見的集體精神官能症症候群：眾多實證研究顯示，這種症候群的三個面向——憂鬱、攻擊、上癮，是源自於意義治療裡所謂的「存在的空虛」，一種空洞與無意義感。

不用說，當然不是每個憂鬱症個案都源於無意義感，自殺也一樣（有時憂鬱症會走上這一途），並非總起源於存在的空虛。即使不是每個自殺個案都出自無意義感，但只要能意識到有值得為其而活的意義與目標，或許就能克服自己結束生命的衝動。

因此，若在防止自殺中，強而有力的意義導向扮演了決定性的角色，那預防有自殺危險的個案呢？年輕時，我在奧地利最大的國立醫院待了四年，負責管理重度憂鬱症病館，在此的多數患者都是在企圖自殺後入院。我曾經算過，那四年間我應該看了約一萬兩千名患者。當時累積的豐富經驗，在我目前診斷患有自殺傾向的患者時，仍可供我應用。我向他們解釋：患者一再告訴我，他們很高興自殺未遂；他們在數星期、數月、數年後告訴我，原來他們的難題有解答、疑問有答案、生命也有意義。我繼續解釋：「就算一千個個案中只有一個好轉，誰能預測哪天，遲早不會也發生在你身上？但首先，你得要活到那一

2 作者注：Basic Books, New York, 1980, p. 448.

3 作者注：“Wirtschaftskrise unt Seelenleben vom Standpunkt des Jugendberaters”, *Sozialärztliche Rundschau*, Vol. 4（1933）, pp. 43-46.

天，所以你得活著等那天降臨，而且從現在開始，活下來的責任便與你密不可分。」

關於集體精神官能症候群的第二面向——攻擊，我要引用卡洛琳．伍德．雪瑞夫（Carolyn Wood Sherif）曾做過的實驗。她成功地在男童子軍小隊間刻意鼓動他們相互攻擊，然後發現，如果這些男孩共同致力於同一目標，攻擊行為便平息了；他們的目標便是合力把載食物來營隊的馬車從泥漿裡拖出來，他們不只是受到挑戰，還因為要達成的目標而團結。[4]

至於第三點——上癮，我想起安瑪莉．封．佛斯特邁爾（Annemarie Von Forstmeyer）曾在研究發表中指出，如實驗與統計所示，她研究的酗酒者裡，百分之九十的人對生命感到極無意義。史坦利．克里普納（Stanley Krippner）研究的毒癮者裡，百分之百的人相信「一切都顯得沒有意義」。[5]

現在，讓我們看看意義本身這個問題。首先我要先澄清，意義治療法關切的是個人一輩子面對的單一事件中，與生俱來且沉睡其中的潛在意義。因此，我不會在此闡述人生整體的意義，但我也不否認確實有此長遠的意義。若要比喻，請設想電影：電影裡有成千上萬個單獨的影像，每一個都有其道理與意義，然而整部電影的意義要到最後一段連續鏡頭結束才會明白。不過，沒有先了解所有組件，所有個別的影像，就無法了解整部電影。人生不也如此？生命最終的意義難道不也到了最後臨死前才可能顯露？這最終的意義不也端賴單一事件的潛在意義，是否在個人知識與信念範圍內盡力實現？

事實便是，從意義治療的角度來看，意義及其感知非常腳踏實地，不會漫步在雲端，更不會高踞象牙塔。廣泛來說，我會將具體情形下，個人意義的意義認知定位在中間，一端是「啊！我想到了」的頓悟經驗[6]，接近卡爾・布勒（Karl Bühler）的概念；另一端則是完形感知，接近威特海默（Max Wertheimer）的理論。意義感知與古典完形感知概念的差別，主要在於後者會突然意識到「地面上」有個「形體」。而就我看來，精確地說，意義感知是逐漸意識到現實面下的某種可能性，也就是逐漸意識到在特定情況下能做些什麼。

人類要如何尋找意義呢？如夏綠蒂・布勒（Charlotte Bühler）所說：「我們只能研究別人，比對似乎找到生命最終意義者與答案落空者的故事。」[7]不過，除了這種傳記式的方法，我們也可著手生物上的研究。意義治療法認為良心是種提示，必要時，會在生命中

4 作者注：想更進一步了解這實驗，請參考 Viktor E. Frankl, *The Unconscious God*, New York, Simon and Schuster, 1978, p. 140；以及 Viktor E. Frankl, *The Unheard Cry for Meaning*, New York, Simon and Schuster, 1978, p.36.

5 作者注：想更進一步了解，請參考 *The Unconscious God*, pp. 97-100；以及 *The Unheard Cry for Meaning*, pp. 26-28.

6 伴隨頓悟而來的感覺，頓悟後，往往伴隨著一陣狂喜，屬於認知科學。

7 作者注："Basic Theoretical Concepts of Humanistic Psychology", *American Psychologist*, XXVI（April 1971）, p. 378.

特定情況下，指引我們正確的方向。為了執行這種任務，良心要拿出量尺，以各種條件與價值觀衡量個人面臨的情況。然而，這些價值觀卻不是我們能有意識地擁護或採用；價值觀代表的就是我們本身。價值觀在我們物種進化的過程中具體化，建立在我們生物性的過往之上，扎根於我們生物性的深度之中。康拉德．勞倫茲（Konrad Lorenz）發明生物演繹法（biological a priori）的概念時，想的可能也差不多；最近討論到我對評估過程之生物基礎的看法時，他也興奮地表達了一致的意見。無論如何，若前反思價值論的自我了解確實存在，就能預先假設這樣的自我了解終究仍駐紮於我們生物性的傳承之中。

如意義治療法所述，人要通往生命的意義可透過三條大道。第一條是創作或立下功績。第二條是體驗某事或遇見某人；換句話說，不僅從工作，也可從愛中尋得意義。魏斯可夫－卓爾森注意到，在這樣的條件下，意義治療法「認為體驗的價值就跟獲得一樣有療效，因為那能彌補我們對內在世界體驗的犧牲，而單方面強調外在世界的成就。」[8]

不過，最重要的是通往生命意義的第三條大道：即便是無助的受害者，在絕望地面對他無法改變的命運時，也能超越、跨越自身，進而改變自己。他或許能將個人慘劇反敗為勝。再一次，如我於文中所述：魏斯可夫－卓爾森曾表示，希望意義治療「能有助於矯正當今美國文化不健康的潮流。從前那些無藥可救的受難者幾乎沒有機會對自己受的苦感到自傲，無法感到高尚反而覺得丟臉，」以至於「他不僅不快樂，更因為不快樂而感到羞恥。」我在綜合醫院管理神經科待了長達二十五年，見證了患者將困境轉為人類成就的能力。除了這類實際經驗，實證研究也證明人從苦痛中尋得意義的可能性。耶魯大學醫學院的研究員表示「感到驚訝，儘管越戰戰俘明確表示囚禁期間壓力極大，充斥著拷打、疾病、營養不良、單獨監禁，卻依然從囚禁的經驗中獲益，認為這是成長的體驗。」[9]

但是，最強力支持「悲劇樂觀主義」的論點，是拉丁文中的 *argumenta ad hominem*（人身攻擊的謬誤）。舉例來說，傑瑞・隆格（Jerry Long）便是意義治療法所謂「靈魂反抗之力」的真實見證[10]。引自《克薩卡納報》（*Texarkana Gazette*）：「傑瑞・隆格在三年前因為一場跳水意外，脖子以下完全癱瘓。意外發生時，他才十七歲。現在，隆格能用口持棒打字。他透過特製電話在社區大學『修』兩門課。對講機讓隆格得以聽見及參與課堂討論。他的時間還花在閱讀、看電視跟寫作上。」他寫給我的信裡說道：「我認為，我的人生有著豐富的意義與目的。我從命中注定的那天開始採取的態度，就此成了我個人一生的信

8 作者注：“The Place of Logotherapy in the World Today”, *The International Forum for Logotherapy*, Vol. 3（1980）, pp. 3-7.

9 作者注：W. H. Sledge, J. A. Boydstun and A. J. Rabe, “Self-Concept Changes Related to War Captivity”, *Arch. Gen. Psychiatry*, 37（1980）, pp. 430-443.

10 作者注：〈靈魂反抗之力〉（The Defiant Power of the Human Spirit）其實就是隆格在一九八三年六月於第三屆意義治療法世界會議上發表的論文題目。

條：我摔斷了脖子，人生卻不因此而終止。我目前在大學修我的第一堂心理學課程。相信我的殘疾只會加強我幫助他人的能力。我知道，若沒有苦痛，便不可能這樣成長。」

這意思難道是，要找到意義必定得受苦？絕對不是。我只是要強調，就算受苦，也會有意義。但前提是如本書第二部所寫，此為無法避免的苦痛。如果可避免，還是免除苦痛的肇因比較有意義，因為，受不必要的苦，是自虐而非悲壯。從另一方面來說，若無法改變害自己受苦的情況，仍舊可以選擇自己的態度[11]。隆格並沒有選擇摔斷他的脖子，卻決定不要因為發生過的事情而終止自己的人生。

如我們所見，靈活改變讓我們受苦的情況絕對是首要考量。但是在必要的時候懂得「受苦的訣竅」則占了優勢。實證研究指出，就連「一般人」（真的是一般人）也持相同意見。奧地利近來的民調顯示，多數受訪者最敬重的不是偉大的畫家或科學家，也不是了不起的政治人物或運動員，而是那些抬頭挺胸吃盡苦頭的人。

回到悲劇三部曲的第二部，也就是罪惡感，我想先從一直讓我著迷的神學概念開始談起。我指的是罪的奧秘（Mysterium iniquitatis）；就我看來，罪的奧秘是指罪行分析到最後仍會令人費解，因為無法完全追溯其生物、心理或社會因素。徹底解說人的犯罪行為，便等同為之脫罪，將他視為待修理的機器，而非自由且負責的人類。就連罪犯本身也痛恨這種待遇，情願為自己的作為負責。在伊利諾州服刑的囚犯寫信給我，信中哀嘆：「犯人永遠沒有機會為自己解釋，只有不同的藉口供他選擇。大家責怪社會，而多數時候都是責怪受害者。」

除此之外，我在聖昆丁監獄演講時，我對囚犯說：「你們跟我都是人類，因此你們有自由犯罪、有自由感到罪惡。不過，現在你們也有責任戰勝罪惡感，超越它，超越自己，把自己變得更好。」囚犯覺得有人懂得他們的心情[12]。出獄的法蘭克 E. W. 捎來信息，表示他「為出獄的犯人了成立意義治療小組。我們有二十七個主要的成員，新加入者則靠著我們元老級的同儕壓力而不再入獄。只有一個又被關，但現在他也自由了。」[13]

至於集體罪責的概念，我個人認為要單一個人為他人或群體的作為負責，完全沒有道理可言。自二次大戰結束後，我便不厭其煩地公開反對集體罪責的概念[14]。然而，有時還得教誨一番，才能讓人擺脫迷信。

11 作者注：我忘不了某次在奧地利電視台上聽到的訪問，訪談對象是二次大戰時協助籌備華沙猶太區動亂的波蘭籍心臟科醫生。記者驚呼：「真是英勇的事蹟。」。醫生平靜地說：「聽好，拿槍掃射沒什麼了不起，但如果黨衛軍帶你走入毒氣室或大眾墓地現場槍決，你卻無能為力，只能帶著尊嚴死去。你瞧，這才是我所謂的英勇。」正可謂英勇的態度。

12 作者注：另見 Joseph B. Fabry, *The Pursuit of Meaning*, New York, Harper and Row, 1980.

13 作者注：Cf. Viktor E. Frankl, *The Unheard Cry for Mearning*, New York, Simon and Schuster, 1978, pp. 42-43.

14 作者注：另見 Viktor E. Frankl, *Psychotherapy and Existentialism*, New York, Simon and Schuster, 1967.

有位美國籍女子來找我，責備地說：「你怎麼還能繼續用希特勒的語言（德文）寫作？」

我反問她，廚房裡有沒有刀子？她回答有時，我假裝錯愕震驚地驚呼：「那麼多兇手用刀子刺殺、謀殺受害者，你怎麼還能繼續用刀子？」她從此不再反對我用德文寫作。

悲劇三部曲的第三部與死亡相關。但也與生命相關，因為生命中的每一刻隨時都會死去，不再重來。然而，不正是這般無常提醒我們，挑戰我們善用生命中的每一刻？的確是，因此我的規定是：假設生命已重來，而你又即將重蹈之前的覆轍。

事實上，適當表現的機會、圓滿意義的潛力，都受到生命之不可逆性的影響。但潛力本身也受到影響。因為，只要我們運用機會實現了某個潛在意義，當下便木已成舟。我們將其穩置於過往中，安全地存放。一旦成了過去，就沒有什麼會消失而無法挽回，反而是全都收藏入庫不得撤回。沒錯，人往往只看見無常殘留的遺跡，卻忽略了豐收的過往與生命的收穫：立下的功蹟、愛過的人，以及同樣重要的，帶著尊嚴勇敢經歷的苦痛。

從這點便可得知，根本無須可憐年長者。相反地，年輕人應該羨慕他們。年長者的未來確實少了機會、少了潛力，但他們擁有的反而更多。沒有未來的機會，卻有著過往的真實：已實現的潛力、已圓滿的意義、已貫徹的價值觀；沒有什麼也沒有人能從過往中奪取這些財富。

回到在苦痛中找尋意義的可能性，生命的意義是絕對的意義，至少有這種潛力。然而，絕對的意義也與個人自身絕對的價值觀相呼應。如此便確保了人之不可抹滅的尊嚴。在各種情況下，就算是最悲慘的時刻，生命都保有其潛在意義，個人的價值觀也會緊緊相隨，因為那是建立在個人過去貫徹的價值觀上，而非依附在當下可能保有的實用性。

更明確地說，這種實用性的定義往往根據造福社會的作用而定。但是，現今社會以成就導向，因此鍾愛成功又幸福的人，特別是年輕人，幾乎完全無視其他人的價值，如此一來更是模糊了以尊嚴及實用性兩者為出發點，其價值間決定性的差異。若對這種差異缺乏認知，認為個人價值純粹出自當下的實用性，那麼，相信我，除非自己前後矛盾，否則一定會哀求進行希特勒那種安樂死計畫，也就是「仁慈地」殺死那些不再具社會實用性的人，不管原因是年邁、絕症、心智退化，或任何殘疾。

混亂的概念使得人的尊嚴與實用性混為一談，而這樣混亂的概念又可回溯至學術園地與心理分析師在躺椅上傳播的當代虛無主義。即便是教育分析，也存在如此的教化。虛無主義並非主張空無一物，而是強調一切皆無意義。喬治．薩金特（George A. Sargent）宣傳「習得的無意義感」概念時是對的。他自己便記得有位心理師曾說過：「喬治，你該明白世界不過是個玩笑，根本沒有正義，一切都很隨機。意識到這一點，你才能明白這樣嚴肅對待自己有多傻。宇宙間沒有什麼更遠大的目標。世界就是這樣。你今天決定要怎麼做，也沒有什麼特別的意義。」[15]

推斷出這種結論真是萬萬不可。原則上，訓練不可少，但若是如此，心理師的職責該是幫助訓練中的新手免受虛無主義的侵襲，而非灌輸對方這種譏諷的言論，那不過是訓練者對抗自身虛無主義的心理自衛機轉。

意義治療師甚至可以遵守其他心理治療學派的訓練，認可他們的某些規定。換句話說，有必要的話，可與世浮沉隨狼群共舞。但我強烈認為，這麼做的同時，也只該是固守內在披著狼皮的羊，無須揚棄人的基本概念及意義治療法固有的人生哲學。永保忠誠很容易，如伊莉莎白．盧卡斯（Elizabeth S. Lukas）曾說：「心理治療史上，不曾出現如意義治療法般不武斷的學派。」[16]在第一屆意義治療法世界會議（一九八〇年十一月六至八號，加州聖地牙哥）上，我不僅主張要心理治療恢復人性，也主張我所謂的「去除意義治療法的導師地位」。我的興趣不在於飼養鸚鵡重述「主人的話」，而是將薪火傳給「獨立、善於創造、創新又有創意的心靈」。

佛洛伊德曾斷言：「試著讓多位迥然不同的人同樣忍受飢餓。隨著飢餓的迫切感漸增，所有個別差異將亦趨模糊，取而代之的是對慾望做出相同的表現。」

感謝上天，佛洛伊德不用進集中營。他的對象都躺在按照豪華維多利亞風格設計的躺椅上，而非奧許維茲的污穢中。在奧許維茲，「個別差異」並沒有「亦趨模糊」，人與人之間的差異反而逐漸擴大；人人都卸下面具，無賴或聖人皆同。今天你盡可大方使用「聖人」一詞：想想挨餓的聖國柏神父（Father Maximilian Kolbe），最後在奧許維茲遭注射炭酸而死，並於一九八三年封為聖徒。

你或許會想罵我，舉的例子都是例外。史賓諾莎的《倫理學》最後一句寫道：然而，一切重要之事總難以領悟亦不易尋得（*Sed omnia praeclara tam difficilia quam rara sunt*）。你當然也可以問，是否真的需要提到「聖人」？光是說正派的人難道不夠嗎？他們的確是少數。不僅如此，他們永遠都會是少數。然而，我在其中看到了加入這些少數人的挑戰。這是個糟糕的世界，除非每個人都盡全力，否則情況只會愈來愈糟。

我們要警惕——要雙重警惕：

自奧許維茲後，我們知道人有什麼能耐。

自廣島後，我們知道風險為何。

15 作者注："Transference and Countertransference in Logotherapy", *The International Forum for Logotherapy*, Vol. 5, No. 2（Fall/Winter 1982）, pp. 115-18.

16 作者注：意義治療法並不強迫對心理治療有興趣的人都要接受；不像東方市場，比較像超級市場。前者會不斷說服顧客買東西，後者則是陳列、提供各式物品，讓顧客自行選擇他認為有用、有價值的東西。

〈附錄二〉

弗蘭克著作表

以下是維克多・弗蘭克的所有著作列表。有關意義治療法的完整線上書目，可於維克多・弗蘭克協會網站存取：www.viktorfrankl.org。

英文版

Man's Search for Meaning. An Introduction to Logotherapy. Beacon Press, Boston, 2006; and Random House/Rider 2008

The Doctor and the Soul. From Psychotherapy to Logotherapy. Alfred A. Knopf, New York, 1986. Paperback edition: Souvenir, London, 2004

The Will to Meaning: Foundations and Applications of Logotherapy. New York and Cleveland, The World Publishing Company, 1969. Paperback edition, New American Library, New York, 1989

The Unheard Cry for Meaning. Psychotherapy and Humanism. Simon and Schuster, New York, und Hodder and Stoughton, London, 1988

Viktor Frankl - Recollections. An Autobiography. Insight Books, Perseus Books Publishing, New York 1997; Paperback edition: Perseus Book Group, New York, 2000

Man's Search for Ultimate Meaning. (A revised and extended edition of The Unconscious God; with a Foreword by Swanee Hunt). Perseus Book Publishing, New York, 1997; Paperback edition: Perseus Book Group; New York, 2000

On the Theory and Therapy of Mental Disorders. An Introduction to Logotherapy and Existential Analysis. Translated by James M. DuBois. Brunner-Routledge, London-New York ISBN: 0415950295

德文版

Ärztliche Seelsorge. Grundlagen der Logotherapie und Existenzanalyse. Deuticke im Zsolnay Verlag, Wien 1997. Neuauflage 2005-2007, Zsolnay und dtv. In dieser Auflage erstmals ergänzt durch: Zehn Thesen über die Person.

...trotzdem ja zum Leben sagen Ein Psychologe erlebt das Konzentrationslager. Kösel,

München 2002, und dtv/Deutscher Taschenbuch Verlag, 2008

Die Psychotherapie in der Praxis. Eine kasuistische Einführung für Ärzte. Franz Deuticke, Wien, 1982; und Piper, München, 1997

Der unbewußte Gott. Psychotherapie und Religion. Kösel-Verlag, München, 1994 und dtv/ Deutscher Taschenbuch Verlag, 2006

Theorie und Therapie der Neurosen. Einführung in Logotherapie und Existenzanalyse. Uni-Taschenbücher 457, Ernst Reinhardt, München- Basel, 2007

Psychotherapie für den Alltag. Rundfunkvorträge über Seelenheilkunde. Herder, Freiburg im Breisgau, 2000

Der Wille zum Sinn. Ausgewählte Vorträge über Logotherapie. Hans Huber, Bern-Stuttgart-Wien, 2005

Der leidende Mensch. Anthropologische Grundlagen der Psychotherapie. Hans Huber, Bern, 2005

Das Leiden am sinnlosen Leben. Psychotherapie für heute. Herder, Freiburg im Breisgau, 2008

Der Mensch vor der Frage nach dem Sinn. Eine Auswahl aus dem Gesamtwerk. Vorwort von

Konrad Lorenz. Serie Piper 289, München, 2008

Die Sinnfrage in der Psychotherapie. Vorwort von Franz Kreuzer. Serie Piper 214, München, 1997

Logotherapie und Existenzanalyse. Texte aus sechs Jahrzehnten. Psychologie Verlags Union, Weinheim, 1998; BELTZ Taschenbuch 2005

Was nicht in meinen Büchern steht. Lebenserinnerungen. Psychologie Verlags Union, Weinheim, 2002

Zeiten der Entscheidung. Herausgegeben von Elisabeth Lukas. Herder, Freiburg i. Br. 2000

Bergerlebnis und Sinnerfahrung. (Bilder von Christian Handl.) Tyrolia, Innsbruck-Wien 2008

Frühe Schriften 1923-1942. Herausgegeben von Gabriele Vesely-Frankl. Maudrich, Wien 2005.

Gesammelte Werke, Teilband 1: ... trotzdem Ja zum Leben sagen / Ausgewählte Briefe 1945-1949. Herausgegeben von A. Batthyany, K. Biller und E. Fizzotti. Böhlau, Wien 2005

Gesammelte Werke, Teilband 2: Psychologie des Konzentrationslagers / Synchronisation in Birkenwald / Ausgewählte Texte 1945-1993. Herausgegeben von A. Batthyany, K. Biller und E. Fizzotti. Böhlau, Wien 2006

Gesammelte Werke, Teilband 3: Die Psychotherapie in der Praxis / Und ausgewählte Texte über angewandte Psychotherapie. Herausgegeben von A. Batthyany, K. Biller und E. Fizzotti. Böhlau, Wien 2008

Viktor Frankl und Pinchas Lapide: Gottsuche und Sinnfrage. Gütersloh 2005

西文版

La voluntad de sentido. Conferencias escogidas sobre logoterapia. Editorial Herder, Barcelona 2008

Escritos de juventud 1923-1942. Edición preparada por Gabriele Vesely-Frankl. Editorial Herder, Barcelona 2007.

El hombre en busca de sentido. Editorial Herder, Barcelona, 2007

El hombre en busca del sentido ultimo. Paidos, Barcelona 2007

Psicoterapia y existencialismo. Escritos selectos sobre logoterapia. Editorial Herder Barcelona 2003

La psicoterapia en la practica medica. San Pablo, Buenos Aires, 2003

Ante el vacio existencial. Hacia una humanizacion de la psicoterapia. Editorial Herder,

Barcelona, 2003

El hombre doliente. Fundamentos antropologicos de la psicoterapia. Editorial Herder, Barcelona 2003

Logoterapia y analisis existencial (Textos de cinco decadas). Editorial Herder, Barcelona 2003

La presencia ignorada de Dios. Psicoterapia y religion. Editorial Herder, Barcelona, 2002

Psicoterapia y Humanismo. Tiene un sentido la vida? Fondo de Cultura Economica, Mexico-Madrid-Buenos Aires, 2002

Lo que no esta escrito en mis libros - Memorias. San Pablo, Buenos Aires 1997

La psicoterapia al alcance de todos. Conferencias radiofonicas sobre terapeutica psiquica. Editorial Herder, Barcelona 1995

Teoria y terapia de las neurosis (Iniciacion a la logoterapia y al analisis existencial). Editorial Herder, Barcelona 2008

La psicoterapia y la dignidad de la existencia. Editorial Almagesto, Buenos Aires 1991

Psicoanalisis y existencialismo. Fondo de Cultura Economica, Mexico-Buenos Aires, 1990

La idea psicologica del hombre. Ediciones Rialp, Madrid, 1999

Frankl, Viktor E., y Kreuzer, Franz: En el principio era el sentido. Paidos Argentina 2001

Frankl, Viktor, y Lapide, Pinchas: Búsqueda de Dios y sentido de la vida. Diálogo entre un teólogo y un psicólogo. Editorial Herder, Barcelona 2008.

國家圖書館出版品預行編目資料

向生命說Yes：弗蘭克從集中營歷劫到意義治療的誕生= Man's search for meaning / 維克多.弗蘭克(Viktor E. Frankl)著；李雪媛, 呂以榮, 柯乃瑜譯. -- 二版. -- 臺北市：啓示出版：英屬蓋曼群島商家庭傳媒股份有限公司城邦分公司發行, 2022.01
面；　公分. -- (Soul系列；18)

譯自：…trotzdem Ja zum Leben sagen

ISBN 978-626-95477-1-5(平裝)

1.弗蘭克(Frankl, Viktor E.) 2.傳記 3.心理治療 4.集中營 5.奧地利

784.418　　　　110021198

Soul系列18

向生命說Yes：弗蘭克從集中營歷劫到意義治療的誕生

作　　者／維克多．弗蘭克（Viktor E. Frankl）
譯　　者／李雪媛、呂以榮、柯乃瑜
企畫選書人／彭之琬
總 編 輯／彭之琬
責任編輯／周品淳、許如伶、余筱嵐

版　　權／黃淑敏、江欣瑜
行銷業務／周佑潔、黃崇華、華華、賴正祐
總 經 理／彭之琬
事業群總經理／黃淑貞
發 行 人／何飛鵬
法律顧問／元禾法律事務所 王子文律師
出　　版／啓示出版
115台北市南港區昆陽街16號4樓
電話：(02) 25007008　傳眞：(02)25007579
E-mail：bwp.service@cite.com.tw
發　　行／英屬蓋曼群島商家庭傳媒股份有限公司 城邦分公司
115台北市南港區昆陽街16號8樓
書虫客服服務專線：02-25007718；25007719
服務時間：週一至週五上午09:30-12:00；下午13:30-17:00
24時傳眞專線：（02）2500-1990；2500-1991
劃撥帳號：19863813　戶名：書虫股份有限公司
讀者服務信箱：service@readingclub.com.tw
城邦讀書花園：www.cite.com.tw
香港發行所／城邦（香港）出版集團有限公司
香港九龍土瓜灣土瓜灣道86號順聯工業大廈6樓A室　E-mail : hkcite@biznetvigator.com
電話：(852) 25086231　傳眞：(852) 25789337
馬新發行所／城邦（馬新）出版集團 Cité (M) Sdn.Bhd.
41, Jalan Radin Anum, Bandar Baru Sri Petaling
57000 Kuala Lumpur, Malaysia.
電話：(603) 90563833　傳眞：(603) 90576622　Email：services@cite.my

封面設計／李東記
排　　版／極翔企業有限公司
印　　刷／韋懋實業有限公司

■2009年6月2日初版
■2024年7月23日二版2刷
定價350元

Printed in Taiwan

Original title: trotzdem Ja zum Leben sagen. Ein Psychologe erlebt das Konzentrationslager by Viktor E. Frankl © 1977 by Viktor E. Frankl © Koesel Verlag, a division of Penguin Random House Verlagsgruppe GmbH, München, Germany.

　ISBN 978-626-95477-1-5